imaginist

想象另一种可能

理
想
国

imaginist

A Little History of
Philosophy

西方哲学四十讲

[英]奈杰尔·沃伯顿 —— 著
吕品 朱珠 —— 译

哲学小史

Nigel Warburton

北京日报出版社

A LITTLE HISTORY OF PHILOSOPHY
by Nigel Warburton
Copyright © 2011 by Nigel Warburton
Originally published by Yale University Press.
All rights reserved.

北京出版外国图书合同登记号：01-2021-2479

图书在版编目(CIP)数据

哲学小史：西方哲学四十讲 /（英）奈杰尔·沃伯顿 (Nigel Warburton) 著；吕品，朱珠译 . -- 北京：北京日报出版社，2021.5（2024.3 重印）
ISBN 978-7-5477-3961-7

Ⅰ.①哲… Ⅱ.①奈… ②吕… ③朱… Ⅲ.①西方哲学－哲学史－通俗读物 Ⅳ.① B5-49

中国版本图书馆 CIP 数据核字 (2021) 第 071477 号

责任编辑：卢丹丹
特约编辑：吴晓斌
装帧设计：董茹嘉
内文制作：李丹华

出版发行：	北京日报出版社
地　　址：	北京市东城区东单三条 8-16 号东方广场东配楼四层
邮　　编：	100005
电　　话：	发行部：（010）65255876
	总编室：（010）65252135
印　　刷：	山东韵杰文化科技有限公司
经　　销：	各地新华书店
版　　次：	2021 年 5 月第 1 版
	2024 年 3 月第 3 次印刷
开　　本：	850 毫米 × 1168 毫米　1/32
印　　张：	10.375
字　　数：	152 千字
定　　价：	49.00 元

版权所有，侵权必究，未经许可，不得转载

如发现印装质量问题，影响阅读，请与印刷厂联系调换：0533-8510898

目 录

导　读　阅读哲学的乐趣 i

第一章　刨根究底的人 1
　　　　苏格拉底和柏拉图

第二章　真正的幸福 9
　　　　亚里士多德

第三章　我们一无所知 17
　　　　皮浪

第四章　花园小径 25
　　　　伊壁鸠鲁

第五章　学会不再介意 33
　　　　爱比克泰德、西塞罗、塞涅卡

第六章　我们是谁手中的牵线木偶？... 39
　　　　奥古斯丁

第七章　哲学的慰藉 47
　　　　波伊提乌

第八章　完美之岛 55
　　　　安瑟伦和阿奎那

第九章　狐狸和狮子 61
　　　　尼可罗·马基雅弗利

第十章　恶劣、野蛮、短暂 69
　　　　托马斯·霍布斯

第十一章　你会不会是在做梦呢？ 75
　　　　勒内·笛卡尔

第十二章　请你下注 83
　　　　布莱瑟·帕斯卡

第十三章　磨镜人 91
　　　　巴鲁赫·斯宾诺莎

第十四章　王子与鞋匠 97
　　　　约翰·洛克和托马斯·里德

第十五章　房间里的大象 103
　　　　乔治·贝克莱（和约翰·洛克）

第十六章　所有可能世界中最好的一个？ 111
　　　　伏尔泰和戈特弗里德·莱布尼茨

第十七章　想象中的钟表匠 119
　　　　　大卫·休谟

第十八章　人生而自由 127
　　　　　让—雅克·卢梭

第十九章　戴着玫瑰色眼镜看世界 133
　　　　　伊曼努尔·康德（一）

第二十章　如果每个人都这么做，那会怎么样？ 139
　　　　　伊曼努尔·康德（二）

第二十一章　有实用价值的欢愉 145
　　　　　杰里米·边沁

第二十二章　密涅瓦的猫头鹰 151
　　　　　格奥尔格·W. F. 黑格尔

第二十三章　一瞥现实 159
　　　　　阿图尔·叔本华

第二十四章　成长空间 165
　　　　　约翰·斯图尔特·穆勒

第二十五章　非超智慧设计 173
　　　　　查尔斯·达尔文

第二十六章　生命中的牺牲 ………………… **181**
　　索伦·克尔恺郭尔

第二十七章　全世界无产者联合起来 ………… **187**
　　卡尔·马克思

第二十八章　那又如何？ ……………………… **193**
　　C. S. 皮尔斯和威廉·詹姆斯

第二十九章　上帝已死 ………………………… **201**
　　弗里德里希·尼采

第三十章　　隐藏的思绪 ……………………… **207**
　　西格蒙得·弗洛伊德

第三十一章　当今的法国国王是秃头吗？ …… **215**
　　伯特兰·罗素

第三十二章　呸！/ 棒！ ……………………… **223**
　　阿尔弗雷德·朱尔斯·艾耶尔

第三十三章　自由的苦痛 ……………………… **231**
　　让—保罗·萨特、西蒙娜·德·波伏瓦、
　　阿尔贝·加缪

第三十四章	语言之蛊惑 239
	路德维希·维特根斯坦
第三十五章	不做质疑的人 245
	汉娜·阿伦特
第三十六章	从错误中学习 253
	卡尔·波普尔和托马斯·库恩
第三十七章	失控的火车和不受欢迎的小提琴手 263
	菲利帕·福特和朱迪斯·贾维斯·汤姆逊
第三十八章	无知带来的公平 269
	约翰·罗尔斯
第三十九章	电脑会思考吗? 275
	艾伦·图灵和约翰·希尔勒
第四十章	当代牛虻 281
	彼得·辛格

译名对照表 289
索　引 297

导读
阅读哲学的乐趣

本书虽然叫《哲学小史》,但重点并不在"史",而是胜在"小"。奈杰尔·沃伯顿从古希腊到当代约 2500 年的西方哲学史中,选出 40 个主题,围绕每个主题用两三千字讲一个故事,以简单风趣的语言解释理论要义并穿插进哲学家的生平。章节之间前后呼应,每一章都担起了承上启下的作用,如果按顺序阅读,就能清楚感受到哲学主题与思辨方式的传承、变化、发展与演绎。比如,在阅读第二十四章《成长空间》有关约翰·斯图尔特·穆勒对什么是快乐的论述前,最好能先了解一下第二十一章《有实用价值的欢愉》中边沁对幸福的定义。但是,本书重点并非记述历史,在不同章节之间跳跃阅读,并不会对理解造成障碍,甚至可以说本书是那种适合利用碎片时间、随手翻开一章阅读的书籍。不仅每次都能有所收获,还能让人看得津津有味,这正是作者的高明之处。

阅读过程中,经常在看到某处时禁不住感叹:"原来还有这么一层关系！"令我们印象最深的是第三十六章《从错误中学习》，其中谈到美国科学历史学家和物理学家托马斯·库恩提出的科学发展过程中"范式转换"（paradigm shift）的概念，即在大部分时间中，大部分研究都在一个广为认同的框架或"范式"下进行，直到出现一个全面颠覆认知的理论或事件。读到此处恍然大悟，原来学术文章中时常出现的这一说法，背后还有如此高深的哲学思考。不过再仔细想一下，似乎不少号称达成了"范式转换"的理论或概念其实颠覆性并没有那么强，下次如果再看到有人这么说，一定要想一想到底能不能够上库恩提出的标准。在同一章中，作者还提到了波普尔对科学论证的阐述：只有能够被证伪的假说才是科学陈述。这本身不是一个陌生的观点，但是读到这一章才知道，原来是这位多才多艺的哲学家贡献了这个概念。

相信每位读者在阅读本书的过程中都可能经历类似的惊喜时刻，尽管大家的知识、专业和阅历不尽相同甚至大相径庭，但在这四十个章节中一定都能找到自己略有耳闻、一直想了解的话题，或是有所了解但不完全熟悉的领域。即使你已经对某个哲学概念熟稔于心，也不妨看一看作者是如何三言两语为普通读者轻松解读的。这样的惊喜时刻也许发生在第一、二章：苏格拉底、柏拉图和亚里士多德观察世界时采用的不同手段；或是第十一章：笛卡尔"我思故我在"的真正内涵；也可能是第二十一章：为什么"功利主义"不是一个贬义词；大概还会在第二十九章：尼采让人纳闷的"上帝已死"；抑或是第三十五章：阿伦特是如何提出"平庸之恶"的；当然还有关于进化论的第二十五章：虽然不是一种哲学，但人类对世界的认知，包括哲学思想却因此发生了重大改变。

你也许对其中一些问题已经有了一定程度的理解，当然也可能是第一次听说，阅读本书的乐趣，就是让你不需要用太多的时间，不需要研读高深的著作，就能对这些历史上最重要哲学家的思想有一个全局性的认知，看作者如何凭借出色的梳理能力和诙谐的文笔，将艰深的哲学概念由繁化简，用最浅白的语言一一讲解清楚。沃伯顿本人也是一名哲学家，他最擅长的是向普通读者介绍哲学，其哲学功底和语言能力在本书中得到了完美体现。

读过本书几个章节之后你就会发现，在介绍哲学思想上作者并不求全。书中的哲学家可能著作等身，或是创立了一系列影响深远的理论，但是作者只选择自己认为最重要的哲学概念进行解释，哲学家的生平也往往是蜻蜓点水般一带而过，只是用来帮助解释哲学理论创立的过程。这固然是由于篇幅所限，但也体现了本书的用意：大部分人不可能也不需要成为哲学家，但每个人都需要了解一点哲学。

因为哲学是对世界、对自身思考的提炼与升华，阅读本书时，你会发现许多哲学理念其实已经深深融入了我们的生活，贯穿于日常的思考、判断与行动之中。也许你从来没有听说过某位哲学家，但其提出的理念却恰恰帮助你形成了自我认知和理解世界的基础。阅读本书，其实也给了我们一个反省自己世界观、人生观和价值观的机会。

毫无疑问的是，本书的主要目的，是拂去哲学神秘的面纱，让涉及哲学的话题变得轻松有趣。哲学概念往往艰涩难懂，作者在好几处都提到某些哲学家的理论观念很难理解，不仅别人不明白，甚至哲学家自己也不一定明白（如第二十二章中有关黑格尔的叙述）。但是，本书的作者却做到了用最简单的话语来解释艰深的哲学概念，时不时加上些个人评论和讽刺调侃，透过简洁清晰、通俗易懂的文字，陪伴读者一起走过阅读的旅程。

如果说本书有什么不足的话，也许是书中女性哲学家所占的分量不够。读者第一次读到女性哲学家，已经到了第三十三章，在《自由的苦痛》中出现了二战之后活跃在法国的西蒙娜·波伏瓦，她是存在主义的重要代表，以《第二性》闻名遐迩。难道在20世纪之前，女性对哲学的贡献不足以选入此书？相信并非如此，作者并没有在性别上厚此薄彼，本书缺少早期女性哲学家的章节，更有可能是反映了当时女性的社会地位、对女性声音的忽视，或是流传下来的资料不足。不过像古希腊的希帕蒂娅（Hypatia）、文艺复兴时期的图利娅·达拉戈纳（Tullia d' Aragona）、18世纪的玛丽·沃斯通克拉夫特（Mary Wollstonecraft）等都在哲学史上留下浓墨重彩的一笔。

本书适合各个年龄段的读者阅读，需要的只是一颗对世界、对思想的好奇之心。读完之后，你也许会觉得阅读哲学也可以充满乐趣,也许某些章节让你想要了解更多,那么这本书就完成了自己的使命,为你打开了一扇通往哲学世界的大门。

吕品　朱珠
2021 年春于爱丁堡

第一章

刨根究底的人

苏格拉底和柏拉图

在约 2400 年前的雅典，一个人因为问了太多问题而被处死。在那之前也有哲学家存在，但是从苏格拉底（Socrates）开始，哲学才真正地兴起。如果说哲学也有守护神，那就是苏格拉底。

苏格拉底鼻子又短又翘，长得胖乎乎、怪兮兮。虽然他长相丑怪又邋里邋遢，而且不合群，却魅力无穷、思想卓越。雅典人都觉得苏格拉底独一无二，前无古人、后无来者，却也非常惹人厌烦。苏格拉底自比牛虻，烦人但无大碍。但是，不是每个雅典人都这么看，有些人喜欢他，有些人却认为他拥有的影响力极具危险。

苏格拉底年轻时曾是一名勇敢的士兵，参加过伯罗奔尼撒战争（Peloponnesian war），与斯巴达人（Spartan）及其盟军作战。中年以后，他每天所做的事情，似乎就是在集市上逛来逛去，时不时地把人拦住，问些古怪的问题。他的问题十分犀利，看似直截了当，实则不然。

有一个例子是他和欧西德莫斯（Euthydemus）的交谈。苏格拉底问，欺骗算不算不道德？当然算，欧西德莫斯答道，这不是显而易见的吗？但是，苏格拉底接着问道，如果你的朋友情绪非常低落，可能会自杀，而你却偷了他的刀，那么这应该怎么看？这还是欺骗行为吗？当然是。但是这样做却不能算不道德行为，反而是道义之举，对吧？尽管仍属欺骗，却绝非恶行，反而是善举，是不是？是啊，欧西德莫斯说，此时的他已纠结万分。苏格拉底用了一个巧妙的反例，说明欧西德莫斯关于欺骗是不道德的论断并不适用于所有情形，而欧西德莫斯之前并没有意识到这一点。

苏格拉底一次又一次证明，他在集市上遇到的人并非真正明白他们自认为很了解的事。一名自认为对什么是"勇气"非常了解的指挥官，在和苏格拉底聊了二十分钟后，会十分迷茫地走开。这样的对话经历一定会令人忐忑不安，因为苏格拉底喜欢做的，就是揭示人们对事物的理解其实很有限，并质疑人们对于人生根本问题的假设。如果在交谈后，人们能意识到自己的局限，这对苏格拉底来说就是成功，因为他觉得，这样总比坚信自己很懂而其实并不明白要好得多。

在当时的雅典，有钱人会把儿子送到智辩家（Sophist）那里学习。智辩家辩术高超，收取高额学费教学生如何演讲。苏格拉底则分文不取。他声称自己一无所知，又怎么能收人钱财呢？但是，拜访他的学生却源源不断，特地前来聆听他与别人的对话。智辩家们当然不会高兴。

一天，他的朋友凯勒丰（Chaerophon[1]）到德尔斐（Delphi）的阿波罗（Apollo）神庙敬拜，他请教的神谕（oracle）是一位睿智的老妇人，一位女先知。她会回答访客提出的问题，但答案通常是一道谜语。"有人比苏格拉底更有智慧吗？"凯勒丰问道。而这一次，回答是"没有"，"没有人比苏格拉底更有智慧"。

凯勒丰把女先知的回答告诉了苏格拉底，一开始苏格拉底并不相信，他很是疑惑："我知之甚少，怎么可能是雅典最有智慧的人呢？"他花了多年时间询问别人，想要知道谁比自己更有智慧。最后他终于明白了神谕的意思，发现她说得很对。许多人对自己的工作十分在行，比如说木匠擅长木工，士兵熟悉打仗，但是他们并不是真正有智慧，对自己所言所语也并不真正明白。

哲学家（philosopher）这个词来自希腊语，意为"热爱智慧"。本书所追溯的西方哲学传统，从古希腊传播到世界各地，并与来自东方的思想交汇融合。其重视的智慧建立在

---

1 也译为"查勒丰"。——译注

论证、推理和质疑之上，而不是盲从权威。在苏格拉底看来，有智慧并不代表知识丰富或做事熟练，而是意味着理解我们的真实所在，包括我们的知识局限。今天的哲学家或多或少都在做着和苏格拉底相同的事情：提出难解的问题，寻找理由和证据，竭力回答关于自我与生存的最重要的问题。与苏格拉底不同的是，现代哲学家有近 2500 年的哲学思想可以借鉴。本书想做的，就是来看一看由苏格拉底所开创的西方思想传统中一些重要思想家的论点。

苏格拉底之所以睿智，是因为他不断地提出问题，而且总是愿意就自己的观点进行辩论。他认为，只有不断对自己的所作所为进行思考，人生才有意义。不审视自己的生活，那是牛的生活，不是人的存在。

苏格拉底拒绝写下任何东西，这对于一个哲学家来说颇为不寻常。在他看来，说比写要好得多。当你有问题时，书面文字无法回应；当你不理解文字内容时，它们也无法向你解释。他坚持认为，面对面的交谈要好得多。在对话中，我们可以根据对方的情况对自己的论述做出调整，让对方明白我们的意思。因为他拒绝写作，我们对这位伟人的信念和论点的了解主要来自他的学生柏拉图（Plato）的著作。柏拉图在《柏拉图对话集》（*Platonic Dialogues*）中记录了苏格拉底和对谈者之间的一系列对话，既是一部哲学书，也是伟大的文学作品。在某种程度上，柏拉图可以说是那个时代的莎士比亚。通过阅读这些对话，我们可以感受到苏格拉底是个什么样的人，他是多么睿智，同时又多么让人恼怒。

不过事情也许没有那么简单，因为我们不知道柏拉图真的是在记录苏格拉底的对话，还是假托"苏格拉底"这个角色阐述自己的思想。

大多数人都相信，这本书中至少有一个论点不是由苏格拉底，而是柏拉图自己提出：世界根本不是其看起来的样子。表象和现实之间有很大的区别。大多数人都会把表象误认为现实，以为自己看清了，但其实并不明白。柏拉图认为，只有哲学家才能理解世界的真实面目，因为他们通过思考而不是依靠感觉来了解现实的本质。

柏拉图用发生在一个洞穴里的故事来解释这一论点。在这个假想的洞穴里，人们被铁链锁住，只能看见面前的一堵墙。他们把眼前墙上摇曳的阴影认作是真实的东西。事实上，他们看到的不过是身后篝火前的物体在墙上投下的影子。这些人一直以为投射在墙上的影子就是真实的世界，然后他们中的一个人挣脱了锁链，转身面向火堆，眼睛一开始无法适应，只能看到一团模糊，后来渐渐看清楚了自己周围的环境。他蹒跚地走出洞穴，终于看到了太阳。当他回到洞穴，向仍然被铁链锁住的人们讲述这一切时，没有人相信他。这个挣脱铁链的人就是哲学家，他对世界的观察超过了表象。普通人对现实没有概念，因为他们满足于眼前所看到的事物，而不做深入的思考。但是表象是靠不住的，被铁链锁住的人们看到的只是影子，而不是现实。

这个关于洞穴的故事可以联系到柏拉图的"理型论"（Theory of Forms）。也许用一个事例来说明这个理论会比较容易：想象一下你见过的所有圆圈，其中有没有一个是完美的圆？没有。因为一个完美的圆，必须是圆周上的每一点到中心点的距离都是完全一样的，现实中的圆圈永远做不到这一点。但是，当我说"完美的圆"时，你却明白我的意思。柏拉图认为，完美的圆就是圆的理型（Form[1]）。如果你想知道什么是圆，你应该了解的是圆的理型，而不是研究你能画出来的圆或是见到的圆，因为这些圆或多或少都是不完美的。同样的，柏拉图认为，如果你想知道什么是善良，那么你应该了解的是善良的理型，而不是你所见到的体现善良的具体例子。哲学家就是最能以这种抽象的方式思考理型的人，普通人因为只是通过感官了解世界，常常会误入歧途。

因为哲学家善于思考真实的现实，所以柏拉图认为应该由他们来掌控一切，在政治上拥有所有的权力。在他最著名的作品《理想国》（The Republic）中，他描述了一个想象中的完美社会：哲学家居于最高层，接受特殊教育，但他们会为了治下公民的利益而牺牲自己的乐趣，在他们之下是士兵，接受训练保卫国家，在士兵之下是工人。柏拉图认为，这三个层次的人会处于一种完美的平衡状态，如同一个平衡

---

[1] 也译作"形式"、"表相"。——译注

的头脑中理性的部分能够控制感情和欲望。不幸的是，他的社会模式完全是反民主的，而且会通过谎言和武力来控制人民。他提倡禁止大部分艺术形式，理由是艺术是对现实的错误描述。画家画的是事物的外表，但外表是对理型的虚假呈现。在柏拉图的理想国中，生活的方方面面都将受到自上而下的严格控制，也就是我们现在所称的极权主义国家。柏拉图认为，让人民投票就像让船上的乘客掌舵一样不靠谱，还是让受过专业训练的人来掌舵要好得多。

公元前5世纪的雅典与柏拉图想象中的理想国相去甚远，是某种形式的民主社会，不过仅有10%的人有投票权，其他一些人，例如女性和奴隶，被自动排除在外。但是公民在法律面前是平等的，还有一套繁复的系统，通过抽签的方式保证每个公民都有公平的机会来影响政治决策。

柏拉图对苏格拉底极为推崇，但是当时的雅典人却远非如此，许多雅典人认为苏格拉底是个危险人物，故意在暗中破坏政府运作。公元前399年，苏格拉底70岁时，一个名叫美勒托斯（Meletus[1]）的雅典人将他告上了法庭，声称苏格拉底对雅典诸神不敬，还妄造新神。他同时还指控苏格拉底教唆雅典年轻人反抗当局，造成他们行为不端。现在很难知道这些可怕的指控有多准确，也许苏格拉底真的不鼓励自己的学生追随国教，而且有证据表明他喜欢嘲笑雅典式民主，

---

[1] 也译作"莫勒图斯"。——译注

这符合他的性格。但可以肯定的是，许多雅典人都认同这些控词。

于是他们投票决定苏格拉底是否有罪。在这个由501名公民组成的庞大陪审团中，略微过半的人认定他罪名成立，并判处他死刑。如果苏格拉底愿意，他也许可以凭借自己的辩论能力说服当局不对他执行死刑，但是他却选择辩解说自己非但没有做错什么，而且雅典人不仅不应该惩罚他，反而应该感谢他，为他终生免费提供饭菜。这番表现很符合他"烦人的牛虻"的名声，但却让雅典人很不痛快。

他被判饮用毒芹汁，一种让身体逐渐麻痹失去知觉而致死的毒药。苏格拉底向自己妻子和三个儿子告别，然后把学生召集到身边，告诉他们：如果让他活下去的代价是保持沉默，不再提出任何令人尴尬、难以应对的问题，他是不会答应的，宁愿选择死亡。他说，自己内心有一个声音告诉他要不断质疑一切，他不能背叛这个声音。说完之后他喝下毒药，很快毒发身亡。

然而，凭借《柏拉图对话集》，苏格拉底获得了永生。这个总是不断提出问题的难缠之人，这个宁愿受死也不愿意停止思考事物真相的人，成了未来哲学家永远的灵感源泉。

当时，苏格拉底主要影响的是自己周围的人。在他去世后，柏拉图秉持老师的精神继续教授弟子，其中最为出类拔萃的是亚里士多德（Aristotle），一位与苏格拉底和柏拉图截然不同的思想家。

第二章

真正的幸福

亚里士多德

"一燕不成夏",你也许会觉得这句话出自莎士比亚或其他伟大的诗人之口。听起来这确实像是一句诗,但其实却来自亚里士多德的《尼各马可伦理学》(*The Nicomachean Ethics*)一书。书名之所以如此,是因为亚里士多德把它献给了自己的儿子尼各马可(Nicomachus)。他想表达的观点是,一只燕子的到来,或是某一天很热,并不能说明夏天已至,同样的,一时的喜悦也并不代表真正的幸福。在亚里士多德看来,幸福并不是短暂的愉悦。让人惊讶的是,他认为小孩子不会感受到幸福。这听起来很荒谬:如果小孩子都不可能感受到幸福,那么谁又能呢?然而,正是这一点显示出,在对幸福的理解上，亚里士多德和我们是多么不一样。他认为，小孩子刚刚迈出人生第一步，从任何角度来说人生都尚未完整，而真正的幸福需要更多的人生阅历才能够体会。

亚里士多德是柏拉图的学生，柏拉图又是苏格拉底的学生，他们通过师生关系形成了一条思想链：苏格拉底—柏拉图—亚里士多德。这种情况并不罕见，天才通常不是横空出世，大多数都有一位启发其才智的老师。然而三人的思想又各树一帜，并非重复老师教授的东西，各有独创的思考方法。简而言之，苏格拉底是一位伟大的演说家，柏拉图是一位杰出的作家，亚里士多德的兴趣包罗万象。苏格拉底和柏拉图认为我们所看到的世界不过是现实的苍白反映，了解现实只有依靠抽象的哲学思考。与之相反，亚里士多德感兴趣的是周围万物的细节。

遗憾的是，几乎所有亚里士多德留存下来的作品，都是以讲义稿的形式存在。这些记载他思想的讲义稿往往文字枯燥，但是仍然对西方哲学产生了巨大的影响。他不仅仅是一位哲学家，还醉心于动物学、天文学、历史、政治和戏剧。

亚里士多德于公元前384年出生在马其顿（Macedonia），师从柏拉图，之后四处游历，曾担任亚历山大大帝（Alexander the Great）的教师，后来在雅典建了自己的学校，取名为"吕克昂"（Lyceum）。这所学校是古代（Ancient World[1]）最

---

1 指人类开始使用文字到公元500年左右的这一段时间。——译注

著名的学园之一，有点像现代的大学。他派人外出研究，带回各种新的知识，从政治社会到生物学无所不包。他还创办了一个极其重要的图书馆。文艺复兴时期（Renaissance）画家拉斐尔（Raphael）的名作《雅典学院》（*The School of Athens*）中，柏拉图手指向上，指向理型的世界，而亚里士多德的手则是伸向他面前的世界。

柏拉图乐于安坐家中进行哲学思考，但亚里士多德却通过感官来探索亲历的现实。他拒绝接受师传的理型论，认为要理解任何事物都必须取例进行研究。所以说，如果要明白猫是什么样的，那就需要观察真正的猫，而不是抽象地思考猫的理型。

亚里士多德反复思考的一个问题是"我们应该如何生活"。在他之前苏格拉底和柏拉图都问过同样的问题，这也是吸引人们关注哲学的原因之一。亚里士多德有自己的答案，简单来说就是：寻找幸福。

但是"寻找幸福"到底指什么呢？在当今的世界，如果去"寻找幸福"，人们想到的多半是如何享受生活。对不同的人来说，幸福可能是去一个有异国情调的地方度假，或是参加音乐节或消闲聚会，或是与朋友共度时光；也可能是舒舒服服地蜷成一团读一本最喜欢的书，或者去艺术画廊参观欣赏。但在亚里士多德看来，虽然这些都是美好生活的要素，但并不是寻找幸福最好的方法，因为仅仅靠这些并不能实现美好的生活。在描述幸福时，亚里士多德用的是古希腊语中的 eudaimonia（这个词的发音听上去像是英语"you-die-moania"，意为"悲哀到死"，但意思却恰好相反）。这个词有时候翻译成"繁盛"或"成功"，而不是"幸福"，其意义超越了吃一个芒果冰激凌或是看到自己喜爱的体育团队获胜所得到的愉悦感，并非用于描述短暂的欢欣或是自我的感觉，而是具有更客观的意义。这一点也许很难理解，因为我们已经习惯于认为幸福就是我们的感受且别无他意。

一株开花的植物，如果你给它浇水，给它足够的阳光，也许给点养料，它就会长大、开花；但是如果你忽视它，让它不见天日，不浇水，任由昆虫啃噬，它就会枯萎，半死不活，甚至死亡。人类也可以像植物一样茁壮成长，可与植物不同的是，我们拥有自主性：成为什么样的人、采取什么样的行动，是我们自己的选择。

亚里士多德相信"人本性"（human nature）的存在，用他的话来说，就是人自有的功能（function）。世间存在着一种最适合人类的生活方式。人与其他动物的差别，在于我们能够思考应该做什么，并提供理由。他由此得出结论：最好的人生，是过上一种运用理性力量的生活。

令人惊讶的是，亚里士多德认为，即使是你不知道的事情，甚至是你死后发生的事情，都可能影响你的幸福。乍一听这很奇怪，如果没有来世，那么身后发生的事情怎么会影响到人生的幸福呢？要理解这个概念，可以想象一下你已为人父母，那么你的幸福在某种程度上取决于你对孩子的期望。

如果孩子不幸在你死后得了重病，这会反过来影响你的幸福。在亚里士多德看来，这样的事会影响你的人生，即使你不可能知道孩子会在你去世后得上重病。这个例子很好地说明了他的观点，即幸福不仅仅取决于你的感受，幸福是人生的整体成就，而在你关心的人身上发生的事情会影响你的成就。你是否幸福，部分取决于运气。

问题的核心是：怎么做才能增加获得幸福（或是提高成就）的机会呢？亚里士多德的回答是："培养正确的个性。"也就是在恰当的时机产生正确的情绪，从而达成良好的表现。能否做到这一点，在某种程度上取决于人的成长经历，因为要养成良好习惯，最好从小开始练习，同时运气也很重要。好的行为习惯是美德，坏的行为习惯则是恶行。

以战场上的勇敢这一美德为例，也许一名战士不得不面临冒生命危险才能拯救平民百姓免受敌军威胁的局面。一个可能的极端是，一个鲁莽的人完全不关心自己的生命安全而采取行动，甚至可能在完全没必要的情况下让自己陷入危险的境地。这不是真正的勇敢，而是不计后果的蛮干。另一个极端是，一个怯懦的士兵无法克服恐惧，在最需要他采取行动的时候却完全动弹不得。在这种情况下，一个勇敢的人仍然会感到恐惧，但是能够战胜恐惧并采取行动。亚里士多德认为，每一种美德都处于这样两个极端之间。在刚才的这个例子中，勇敢就介于鲁莽和怯懦之间。这有时候被称为亚里士多德的黄金中道（Golden Mean[1]）。

亚里士多德对伦理的看法不仅有历史研究价值，当代的许多哲学家还认同其有关培养美德的重要性，他对幸福的定义不仅准确而且具有鼓励意义。哲学家们认为，与其在生活中寻求更多愉悦，我们应该努力择善而从，这才是让生命更有意义的途径。

这些说法听起来仿佛亚里士多德只是对个人发展感兴趣，而实际并非如此。他指出，人是政治性动物，我们需要和他人共处，而且需要一个公道的体系，才能控制住人性中的黑暗面。幸福只能在作为社会一员的人生中才能实现。我们与他人共存，只有在秩序井然的政治状态下，通过与周围人群的良好互动，才能反过来找到自身的幸福。

亚里士多德的观点极为精辟，却也因此引发了一些不良后果。正因为他才智卓越、论证缜密，许多人才对他的观点不加辨析全盘接收。这不利于观点的改善进步，也不符合苏格拉底开创的质疑一切的哲学传统。在他去世后的几百年间，绝大部分学者都把他的观点当作无可辩驳的真理。一旦他们证明某个看法是亚里士多德提出的，便不再进行论证，而是立刻奉为至理名言。这种现象有时候被称为"权威即真理"：只要是某个重要"权威"说的，就肯定是对的。

我们来看一个例子：如果一块木头和另一块同样大小但

---

[1] 也译为"中庸之道"、"中道主义"。——译注

重得多的金属块从同一高度落下，你认为哪一个会先着地？亚里士多德认为，因为金属比木头重，所以会坠落得更快。我们知道实际上它们会以相同的速度坠落，但是因为亚里士多德这么说了，在整个中世纪，几乎所有人都相信他的说法，不需要证据。传说16世纪的伽利略·伽利雷（Galileo Galilei）在比萨（Pisa）斜塔上做了演示，让一个木球和一个球形炮弹同时坠落，结果它们同时着地，证明亚里士多德错了。后人看这一事例，就会指出其实要做这样的演示并不困难，人们早就能够发现这一点。

信赖权威这种做法完全违背了亚里士多德的研究精神，也与哲学的本质背道而驰。权威的看法本身并不是真理，亚里士多德自己采用的方法就是调查研究并做出清晰的推理。哲学的繁荣，在于不断辩论，在于认识到谁都可能犯错，在于挑战不同的看法，在于探索不同的角度。幸运的是，在大部分时候，都有哲学家愿意对他人认为正确无误的观点进行思辨，其中有一位对任何事情都抱着怀疑态度，他就是怀疑论者皮浪（Pyrrho）。

第三章
我们一无所知
皮浪

人们对任何事物都一无所知——即使这一论断本身也是不可靠的。不应该信赖任何你觉得是真实的东西,因为你的认识可能是错误的。没有什么不能被质问,一切都可怀疑。既然如此,最好的办法就是保持开放的心态。没有投入,就不会失望。这就是怀疑主义(Scepticism)的主要教义,这一哲学理念在古希腊及之后的古罗马时期流行了几百年。与柏拉图和亚里士多德这样试图了解世界的哲学家不同,最极端的怀疑论者避免对任何事情抱有任何观点。古希腊时期的皮浪(约前365—约前270)是最著名,也许也是有史以来最极端的怀疑论者。他的人生非常怪异。

你也许相信自己知道各种各样的事物，比如说，你知道自己正在阅读这段文字。但是怀疑论者会提出质疑：为什么你相信自己是真的在阅读这段文字，而不是在想象中这么做呢？你肯定自己是对的吗？看上去你正在阅读，这对你来说也许是真实的，但也可能是你的幻觉，或是梦境？（大约800年之后，勒内·笛卡尔 [René Descartes] 进一步发展了这一观点，见第十一章。）苏格拉底坚持认为，他唯一明白的是自己对万事万物都不明白，这也是一种怀疑论观点。但是皮浪将这一观点继续推导，推得很远很远，也许推得有点太远了。

如果关于他生平的说法可信的话（或许我们对此也应该持怀疑态度），皮浪的一生都以怀疑一切著称。和苏格拉底一样，他从不写下任何东西，所以我们对他的了解只能基于他人的叙述，大多还是在他身后几个世纪之后写成的。第欧根尼·拉尔修（Diogenes Laertius）是其中之一，据他所说，皮浪当时成了名人，在所住地伊利斯（Elis）当上了大祭司，而且因为他的声誉，当时的哲学家都不必缴税。这个说法是真是假无法查实，不过我觉得，哲学家不用缴税倒真是个好主意。

然而，就我们所知，皮浪以一些颇为不同寻常的方式实践了自己的怀疑论。如果没有朋友的保护，他的人生可能非常短暂。任何极端的怀疑论者，除非有极好的运气，都需要不那么坚定的怀疑论者施以援手，不然活不了太久。

对于生活，皮浪认为，我们不能完全相信自己的感觉，有时候感觉会误导我们。比如，在黑暗中视觉很容易出错，看上去像是狐狸的东西可能是一只猫。有时候你觉得听到有人在叫你的名字，但其实可能是风中树木摇动的声音。因为感觉经常误导我们，皮浪决定永远不相信感觉。他并没有全盘否定感觉给予准确信息的可能性，但对此抱着怀疑态度。

所以，绝大多数人看到近在咫尺的悬崖时都会停下脚步，而皮浪则不然。感觉可能会欺骗他，所以他不相信感觉。即使脚趾已经踩空，或是已有向前倒下的感觉，他仍不相信自己会跌落悬崖。而且即使跌落悬崖又会怎样？真的会受伤吗？他也保持怀疑。相信他的朋友们——并非每一个都是坚定的怀疑论者，这时会出手相助，防止他做傻事，如果没有这些朋友，估计他随时都会让自己处于危险的境地。

如果你不能确定野狗想伤害你，为什么要害怕它们呢？虽然它们一路狂吠，龇着牙向你冲来，但并不意味着一定会咬你。而且即使咬了，你也不一定会受伤。过马路的时候，何必在乎迎面而来的车辆呢？那些车可能不会撞到你。谁又真的知道呢？反正你是生是死又有什么区别呢？不知他是怎么做到的，反正皮浪成功地以这种冷漠的哲学贯彻一生，完全不依靠正常自然的情绪和行为模式。

以上这些都是传说，有些故事可能是有人专门编出来取笑他的哲学理念的。但是不可能每个故事都是虚构的，例如有这么一个广为人知的故事：一次，他乘船渡海时遭遇到前所未见的巨大风暴，狂风把船帆撕得粉碎，巨浪在船上方翻

第三章　我们一无所知

滚。周围的人大惊失色，皮浪却镇定自若，毫不在意。因为外表往往是骗人的，所以他无法肯定风浪一定会带来伤害。当船上最有经验的水手都惊慌失措时，他却能保持平静。他让大家看到，即使在这种情况下，仍可做到无动于衷。这个故事听上去像是皮浪会做的事。

皮浪年轻时曾去过印度，也许正是那次印度之行激发他过上了与众不同的生活。印度有一个传统，许多精神导师或大师为实现内心宁静，会让自己的身体经历令人难以置信的极端体验，比如被活埋、在身体敏感部位挂上重物，或是数周不进食，等等。皮浪的哲学思想同样接近于神秘主义，不管他是如何做到的，他肯定实践了自己所倡导的哲学理念。他的平静给周围的人留下了深刻印象，他不会因为任何事情而激动，在他看来，任何事情不过都是个人的看法。如果真相永远不可能被发现，那么就没有必要自寻烦恼。我们不需要拥有坚定的信念，因为坚定的信念总是来自错觉。

如果你遇见皮浪，你可能会觉得他是个疯子，也许在某种程度上他真是个疯子。但他的理念和行为是一致的，他会反过来觉得你对各种事物的确定感根本毫无道理，而且不利于获得内心宁静。你把太多东西想得理所当然，就好像你把房子建在沙滩上一样，你的思想基础并不像你想象的那么牢固，也不可能让你幸福。

皮浪把自己的哲学思想用三个问题巧妙地总结起来，任何一个希望得到幸福的人都应该问这三个问题：

事物的真相是什么？

我们应该对其报以什么态度？

如果有人不报以这种态度，会有什么事情发生？

他对这些问题的回答简单而直接。首先，我们永远不可能知道世界的真相，因为这超出了我们的认知能力。没有人可能了解终极真相，因为人类不可能做到，不如干脆放弃。这种观点与柏拉图的理型论，与通过抽象思维了解现实真相的哲学理念（见第一章）完全背道而驰。其次，因为不可能了解真相，我们不应该认同和接受任何观点。因为任何事物都是不确定的，所以应该避免做出任何判断，过一种没有任何想法或意愿的生活。如果你心有所愿，就说明你认为某样东西比另一样好。感觉不幸福就是因为得不到想要的东西。但其实，你并不可能知道某样东西是否比其他的好。所以，皮浪认为，想要得到幸福，就必须从欲望中解脱出来，不在乎事情的结果，这才是正确的生活方式。什么都不重要，就不会有什么可能影响到你的心境，从而实现内心的宁静。最后，如果你以这种哲学理念指导生活，就会开始变得无话可说，因为对任何事物都没有看法，最终你将摆脱一切烦恼，而这正是任何人所能期望得到的最好人生。这简直就像一种宗教体验。

这便是皮浪的理念。这套理念似乎对皮浪本人有效，但很难想象在其他大多数人身上能取得同样的效果。没有多少人能像他建议的那样对任何事物都没有任何看法，也不是每个人都像他那样周围有许多朋友能及时出手相助。事实上，如果每个人都以他的哲学指导人生，就没有人来保护这些怀疑论者了。他们很快就会消失，因为会不断地从悬崖上摔下去、走到路中央被车撞倒，或是被恶犬咬死。

皮浪哲学理念的最大问题，是他从"你不可能了解任何事物"跳到了"所以你应该忽略面临危险时的本能反应和感觉"这样的结论。在现实中，人的本能确实将我们从许多可能的危险处境中解救出来。本能不完全可靠，但也并不意味着应该忽略本能。据说皮浪在一只狗想咬他时也曾侧身闪开，所以即使他特别想完全克服本能的反应，也是做不到的。因此，用皮浪的怀疑主义来指导人生似乎有悖常情，也不见得能够像他想象的那样带来内心的宁静。对皮浪的怀疑主义报以怀疑态度，完全没有问题。你可能会问：如果像皮浪那样做着可能给自己带来危险的事情，真的能够带来内心的宁静吗？这可能对他管用，但有什么证据表明可能对你有用呢？你也许不能百分之百肯定恶犬会咬你，但是如果你百分之九十九肯定，那还是不要冒这个风险吧。

在哲学史上，并不是所有的怀疑论者都像皮浪那样极端。温和的怀疑主义是哲学的良好传统：质疑任何假设，仔细研究支持我们信仰的证据，而不是随时随地过着怀疑一切的生活。抱着怀疑的态度进行质询，正是哲学的核心，从这个意义上讲，所有伟大的哲学家都是怀疑论者。怀疑论是教条主义（dogmatism）的反面。教条主义的人非常自信地认为他们掌握着真理，而哲学家则挑战教条，向人们提出问题：为什么相信自己所做的事情是对的，有什么证据能支持自己的结论？苏格拉底和亚里士多德是这么做的，当今的哲学家也是如此，他们这么做，目的并非要为难别人。采取哲学意义上的温和怀疑立场，目的是更接近真理，或者至少是为了表明我们所知有限、了解真相的能力有限。要成为这样的怀疑论者，你不需要冒着摔下悬崖的风险，但你确实需要准备好提出令人尴尬的问题，并以思辨的态度对待人们给你的答案。 21

虽然皮浪宣扬我们可以抛开一切烦恼，但大多数人并不能做到这一点。死亡就是一个常见的忧虑。如何面对这个烦恼，另一位希腊哲学家伊壁鸠鲁（Epicurus）有一些巧妙的建议。

第四章

花园小径

伊壁鸠鲁

想象一下你自己的葬礼。会是什么样子？谁会参加？参加的人会说什么？你想象到的场景，其视角一定还是你自己的，仿佛你会出现在那里，从某处旁观，也许是从天空俯瞰，或在吊唁者中间。有些人真的相信这很有可能，相信人可以脱离死后的身躯继续存在，如同某种灵异之物，甚至可以继续目睹世界的变化。但对于相信死亡即为终点的人来说，想象自己的葬礼真的很难。因为要想象离世之后会发生什么，必须先想象自己其实并未离开，还留在那里观察离世后发生的事情。

无论你能否想象自己的死亡，对离开这个世界心存恐惧都是很自然的事情。谁会不害怕死亡？如果这世上有什么是我们应该担忧的，那就是死亡。害怕自己什么时候就会不在人世，这是完全可以理解的，即使在许多年之后才会发生。这是一种本能，很少有人活着的时候没有深思过这个问题的。

古希腊哲学家伊壁鸠鲁（前341—前270）认为，恐惧死亡是浪费时间，是基于错误的逻辑，是一种需要克服的心理状态。如果你仔细想想，死亡一点也不可怕。一旦想通了，就会更加享受在世的时光，这一点在伊壁鸠鲁看来极其重要。他相信，哲学的意义在于让你的人生变好，帮助你找到幸福。有些人认为沉湎于思考死亡是一种病态，在伊壁鸠鲁看来，这会让生活变得更为紧张。

伊壁鸠鲁出生在爱琴海（Aegean）上的萨摩斯岛（Samos），但一生大部分时间都在雅典度过，在那里他受到一些人的狂热追随，有一群学生与他同住。他的学生甚至包括妇女和奴隶，这在古代雅典非常少见。这么做并没有提升他受欢迎的程度，但是他的追随者对他却几乎是顶礼膜拜。伊壁鸠鲁的哲学学校设在一座花园里，因此就被称为"花园"（The Garden）。

跟许多古代哲学家一样，伊壁鸠鲁认为哲学应该是实用的，能够改变人的生活方式（一些现代哲学家也如此认为，如彼得·辛格［Peter Singer］，见第四十章）。因此，伊壁鸠鲁认为那些和他一起生活在"花园"里的人不仅应该学习他的哲学，更重要的是把其中的理念付诸实践。

在伊壁鸠鲁看来，生活的关键在于认识到我们是在寻找快乐，更重要的是，我们是在尽可能避免痛苦，这就是生活的动力。减少痛苦，增加快乐，生活就会变得更美好。那么最好的生活方式就应该是：过一种非常简单的生活，善待周围的人，与朋友们在一起，这样你的大部分需求就能得到满足，不会想去获得那些得不到的东西。假如说永远不可能有钱买一座豪宅，那么拼命想着要拥有豪宅是没有用的。不要为了得到不可能得到的东西而浪费一辈子时间孜孜以求，与其这样，不如过一种简单的生活。如果欲望很简单，那么就很容易满足，就有时间和精力去享受那些对你来说很重要的东西。这便是他获得幸福的秘诀，听上去颇为令人信服。

在生活中应用这个哲学理念可以说是一种心理治疗方法。伊壁鸠鲁的目的是去除他学生心中的苦恼，因此他提出可以通过回忆过去的快乐时光来减轻当前身体上的痛苦。我们在生活中获得的愉悦，无论因何而来，在发生那一刻是享受，事后回忆起来，依然可以借此感到快乐，所以一时的愉悦带来的是长久的好处。伊壁鸠鲁在垂危之时，因病魔缠身颇为痛苦，他在给朋友的信中就曾提到自己是如何通过回忆他们过去谈话时的美好感觉来转移注意力的。

然而在今天，伊壁鸠鲁的名字却被用来命名"享乐主义"（epicurean）和"享乐主义者"（epicure）两个词，这与他倡导的哲学理念大相径庭，几乎南辕北辙。"享乐主义者"喜爱美食、沉溺于奢侈和感官享受，伊壁鸠鲁对生活的要求则简单得多。他教导我们凡事适度的重要性，如果向贪欲屈服，就会产生越来越多的欲望，最终因为欲望无法满足而带来精神痛苦，所以说应该避免那种贪得无厌的生活方式。他和他的追随者吃面包、喝清水，没有不同寻常的食品，因为如果你开始喝昂贵的葡萄酒，那么很快就会想喝更贵的葡萄酒，掉进渴望得到无法拥有之物的欲望陷阱中。然而，他的敌人却宣称生活在"花园"里的人毫无节制、吃喝纵欲。伊壁鸠鲁过简单生活的哲学理念，到了现在却被理解成了享乐主义。如果伊壁鸠鲁的追随者真的是享乐主义者，那么他们一定是背弃了老师的教导。这些对"花园"生活的说法更有可能是恶意中伤。

伊壁鸠鲁花了很多时间写作，是位多产的作家，有记录显示他用莎草纸写了多达三百卷书，却没有一卷保留下来。我们对他的了解主要来自其追随者所写的笔记，他们把他的著作背诵于心并记录下来作为传承。这些文字记录中有一些片段在庞贝（Pompeii）城附近的赫库兰尼姆（Herculaneum）遗址中发现，留存在维苏威火山（Mount Vesuvius）爆发时落在这里的火山灰中。有关伊壁鸠鲁哲学的另一个重要信息来源是罗马哲学家兼诗人卢克莱修（Lucretius）的长诗《物性论》（On the Nature of Things）。这首诗写于伊壁鸠鲁死后两百多年，总结了伊壁鸠鲁学派的主要思想。

让我们回到伊壁鸠鲁所提出的问题：为什么你不应该害怕死亡？其中一个原因是，你不会经历死亡的过程。你的死不是发生在你的身上，发生时，你已不在人世。20世纪哲学家路德维希·维特根斯坦（Ludwig Wittgenstein）在他的《逻辑哲学论》（*Tractatus Logico-Philosophicus*[1]）中表达了类似的观点："死亡不是人生中的一个事件。"他在这里表述的观点是，人生的事件必须是我们所能感受到的事，但死亡排除了我们感受这件事的可能，我们已经不再有意识，因此不再可能经历这件事。

伊壁鸠鲁认为，当想象自己的死亡时，大多数人都会犯这样一个错误，即认为还有一部分自我会继续活下去，继续感受发生在自己肉体上的事情。但这是对我们自身的误解，我们其实是被绑定在特定的身体、特定的肉体和骨骼上的。伊壁鸠鲁认为，我们由原子组成（不过他所说的原子和现代科学家使用的术语意思不太一样），一旦这些原子在死亡时分离，我们就不再作为有意识的个体存在。即使后来有人能够把所有的部分小心地重新组合起来，并为这个重建的身体注入新的生命，这个身体也与我无关。它不是我，尽管看起来像我，我也不会感受到它的痛苦。一旦身体停止运作，就没有什么能让它复活，意识的链条已经被打破。

伊壁鸠鲁认为，还有另一套说法可以治愈自己的追随者对死亡的恐惧。他指出了我们对未来和对过去在感受上的差别：我们关心未来，却并不关心过去。试想一下你出生前的

---

1 也译为《名理论》。——译注

时间，那段你还没有出现在这个世界上的时间。这里说的不仅仅是你在母亲子宫里、临近出生的那几个星期，也不仅仅是你即将被怀上之前、对你的父母来说你的存在还只是一种可能性的那几个星期。他指的是在你出生之前的数万亿年。我们通常不会担心自己出生之前的世界，我都还没有来到这个世界，操什么心呢？同样道理，为什么要如此操心我们离开后的这个世界，那些将不会有我们存在的漫漫岁月？我们的思考是不对称的，我们非常担心死后会发生什么，却不会在意降生前的世界。伊壁鸠鲁认为这是错误的，一旦认识到这一点，就应该开始用对待生前世界的态度来对待死后世界，那么一切就没有什么大不了的。

有些人非常担心自己可能会在来世受到惩罚，伊壁鸠鲁对这种担忧也不以为然。他充满信心地告诉追随者，神对自己所造之物并不真正感兴趣。神与我们不在同一个空间，不会卷入我们这个世界，所以你不会有事的。以上这些理论综合起来，就是治疗死亡恐惧的解药。如果起作用了，那么你现在应该能够轻松对待未来将不在人世这一问题。伊壁鸠鲁在他的墓志铭中总结了自己的整个哲学思想：

> 我过去不存在，我存在过，我已不存在，我不在意。

如果你相信我们只是物质的存在，并且不太可能会有死后受到惩罚的风险,那么伊壁鸠鲁的推理可能会说服你,让你觉得死亡没有什么可怕的。当然你可能仍然会担心死亡的过程,因为这个过程通常是痛苦的,而且肯定会亲身经历。这种担心是真实的,即使对死亡本身感到恐惧并没有道理。不过你还记得伊壁鸠鲁说过,他相信美好的记忆可以减轻痛苦吗?所以他对这种担忧也有应对办法。但是,如果你认为自己是藏在肉身中的灵魂,而且灵魂可以在肉体死亡后继续存活,那么伊壁鸠鲁的方法就不太可能对你起作用,因为你会想象,当自己的心脏停止跳动后,你依然存在。

伊壁鸠鲁学派并不是唯一把哲学当作一种治疗手段的学派,大多数古希腊和古罗马的哲学家都持有这种观点。其中,斯多葛学派(Stoic)就是以教导人们在面对不幸时如何保持心理强健而闻名。

第五章
学会不再介意

爱比克泰德、西塞罗、塞涅卡

如果你刚准备出门,天空就开始下雨,那就真是不巧。但是除了穿上雨衣或者带上雨伞,要不取消原定计划,其他你也无能为力。无论你多么希望不要下雨,也都无法阻止老天爷。应该为此沮丧吗?还是应该对此报以"哲学态度"?哲学态度在这里意味着接受自己不能改变的东西。同样的,另外一些不可改变的东西,如渐渐老去、生命短暂,这些人类的共性,又该如何对待?采用同样的哲学态度吗?

人们说以"哲学态度"对待发生在自己身上的事,他们所说的"哲学"正是斯多葛学派对哲学的理解。这个名字来源于斯多亚(Stoa),原本不过是古希腊时期雅典的一座彩绘门廊，因为哲学家常常在此聚会而闻名，其中最早参加聚会的哲学家包括季蒂昂的芝诺（Zeno of Citium，前334—前262）。早期的古希腊斯多葛学派对于现实、逻辑和伦理等诸多哲学问题都发表过见解，但最著名的是他们有关精神控制的观点。他们的基本理念是，我们应该只对自己可以改变的事情在意，而不应该为其他事情激动。与怀疑论者一样，他们的目标是保持内心的宁静。即使面对悲剧事件，比如深爱的人去世，斯多葛派哲学的实践者认为也应该保持平静。我们没有能力控制一些事情，但是可以控制在这些事情发生时我们的精神状态。

斯多葛主义的核心思想是我们应该对自己的感受和想法负责。无论是喜事或厄运降临，都可以选择如何反应。有些人把情绪比作不受控制的天气，斯多葛学派则恰恰相反，认为对于任何情形或事件，如何感受是一种自我选择，而非自然发生。当得不到想要的东西时，我们可以选择不感到伤心；当有人欺骗我们时，我们可以选择不感到愤怒。他们认为情绪影响了推理和判断力，所以我们不仅仅要控制情绪，还应该尽可能将情绪完全消除。

爱比克泰德（Epictetus，55—135）是斯多葛学派后期最著名的哲学家之一，最初曾是奴隶，遭遇过许多艰辛，尝到过痛苦和饥饿的滋味，还因为遭受毒打，走路一瘸一拐。当他宣称即使身体被奴役，心灵也可以保持自由时，正是基于自己的人生经历。这不仅仅是一个抽象的理论，他还传授如何对待痛苦的实用经验，归结起来就是：我们如何思考面临的处境，取决于我们自己。在现代，有一个例子可以说明该理念如何发挥作用：美国战斗机飞行员詹姆斯·B. 斯托克代尔（James B. Stockdale）在越南战争期间在北越上空被击落，跳伞后被俘。斯托克代尔遭受酷刑审问许多次，并被单独关押长达4年之久。他能够活下来，是采用了他在大学里学过的爱比克泰德的哲学理念。当弃机跳伞飘向敌人地盘时，他已经下决心不论敌人会对他做什么，不管受到多么严酷的对待，都将不为所动。别人将如何对他，他不能改变，但是他可以不让自己的遭遇影响自己。斯多葛主义给了他力量，让他能够在痛苦和孤独中生存下来，而这些痛苦和孤独足以摧毁大多数人。

这种坚忍的哲学思想始于古希腊，但是在罗马帝国时期才得以繁荣。当时传播这一哲学思想的有两位重要的作家：西塞罗（Cicero，前106—前43）和卢修斯·阿奈乌斯·塞涅卡（Lucius Annaeus Seneca，前1—65）。他们特别感兴趣的主题是生命的短暂和无法躲避的衰老。衰老是一个自然的过程，所以他们的观点是，不要试图改变无法改变的事情，但与此同时，要充分利用所拥有的短暂光阴。

西塞罗把每天的事情排得满满的：他既是律师，又是政治家，同时也是哲学家。他在《论老年》（*On Old Age*）一文中指出了老年人面临的四个主要问题：工作越来越吃力、身体越来越虚弱、肉体的愉悦消失了、死亡逐渐临近。衰老是不可避免的，但西塞罗指出，我们可以选择如何应对这一过程。衰老并不一定使生活无法忍受，首先，老年人常常能够凭借经验而少花力气，让工作更有效率。如果保持锻炼，运动和思维能力不一定会急剧下降。虽然肉体上的愉悦难以获得，但老年人可以花更多时间与朋友交往谈心，而这些都非常有益。他还相信灵魂是永恒的，所以老年人不必担心死亡。西塞罗的态度是，我们都应该接受变老的自然过程，无须悲观以待。

31　　另一位对斯多葛主义的传播起到重要作用的人是塞涅卡，他在写到生命的短暂时也表达了类似的理念。你很少听到人们抱怨生命太长，大多数人都认为太短。要做的事情太多，时间又太少。用古希腊希波克拉底（Hippocrates）的话来说："生命短暂，艺术长久。"临近生命终点的老人通常希望再活几年，实现自己生活中真正想要达到的目标，但往往为时已晚，有些可能做到的事情却并没有发生，只能为此悲哀。大自然在这方面是残酷的，正当我们开始掌控一切，却到了与世长辞的时候。

　　塞涅卡不同意这种观点。他和西塞罗一样是一个全才，既是剧作家、政治家，又是成功的商人和哲学家。在他看来，问题不在于生命短暂，而是大多数人没有好好地利用所拥有的时间。跟西塞罗一样，他也认为对人生不可避免的事情所抱有的态度才是最重要的。我们不应该因生命短暂而感到愤怒，应该充分利用生命。他指出，以某些人的生活态度，给他们一千年也同样会轻易浪费掉，而且还是会抱怨生命太短暂。事实上，如果做出了正确的抉择，我们的人生通常足够让自己完成大量的工作，只要不把时间浪费在无谓的事情上。有些人把精力全部用来追逐金钱，以至于没有时间做其他事情，另一些人则把所有的空闲时间都用来喝酒寻欢，深陷其中无法自拔。

塞涅卡认为，如果到老才明白这一点，那就为时已晚。尽管有些人自以为年龄与成就成正比，但是鬓发斑白、满脸皱纹，并不等于已经做了多少有益的事情。一个人挂帆出海，如果只任由风吹前行，那不是驾船远航，而是随风漂荡。

过上充实生活的好处是，年老之时，不必害怕回顾人生。如果浪费了生命，可能都不愿去回顾一生是如何度过的，回想人生中错过的各种机会，实在是一种巨大的痛苦。塞涅卡认为，很多人专注琐碎事务，正是为了回避思考未能完成的事情。他敦促读者远离人群，并且不要为了避免直面自我而故意忙忙碌碌。

那么，我们应该如何度过人生呢？斯多葛派的理想是像隐士一样生活，远离他人。塞涅卡发自内心地宣称：最有意义的生存方式是研究哲学，这才是真正的活着。

塞涅卡的人生给了他很多实践自己的哲学观点的机会。例如在41年，他被指控与罗马皇帝奥古斯都（Emperor Gaius）的妹妹私通。该指控是真是假不清楚，但后果是他被流放到了科西嘉岛（Corsica）。在那里度过8年后，他时来运转，受召回到罗马，担任12岁的王储也就是未来的罗马皇帝尼禄（Nero）的教师，后来他还担任尼禄的演讲稿撰写人和政治顾问。然而，他们的师生关系以悲剧告终，尼禄指责塞涅卡参与了刺杀自己的阴谋，令其自杀。塞涅卡难逃此劫，抗命是不可能的，而且肯定会被处死，抵抗也毫无意义。塞涅卡选择了自杀，而且自始至终平和安详，实现了他宣扬的斯多葛主义理念。

33 　　你可以把斯多葛学派的主要教义看作是一种心理治疗的方式、一种让生活平静的心理学技巧。摆脱干扰思考的烦恼情绪，一切都会变得简单明了。不幸的是，即使你能够以此让自己的情绪保持平静，却可能失去另一些重要的东西。面对无法控制的事件，斯多葛学派倡导的冷漠以待可能会减少烦恼，但其代价却可能是让我们变得冷酷、无情，甚至缺乏人性。如果这是实现内心宁静的代价，那么这个代价可能太高了。

　　虽然同样受到古希腊哲学的影响，下面将谈到的奥古斯丁（Augustine），一个早期的基督徒，其哲学理念却与斯多葛派相去甚远。他是一个充满激情的人，对世界上的邪恶深感担忧，渴望理解上帝以及上帝对人类所作出的安排。

第六章

我们是谁手中的牵线木偶?

奥古斯丁

奥古斯丁(354—430)迫切地想知道世界的真相。作为一个基督徒,他相信上帝,但是信仰又给他带来了许多难以回答的问题。上帝想让他做什么?他应该如何生活?他应该相信什么?他一生的大部分时间都用来思考这些问题,并作为写作的主题。这些问题太重要了,对于那些相信死后可能被投入地狱、永劫不复的人来说,似乎任何人生哲学上的错误都可能带来可怕的后果。在奥古斯丁看来,如果他弄错了,死后可能永远都要在地狱中煎熬,遭受硫黄烧灼。他反复思考的一个问题是,为什么上帝允许邪恶存在?他给出的答案到现在仍然为许多信徒所接受。

中世纪时，即约 5 世纪到 15 世纪，哲学和宗教紧密相连。中世纪的哲学家受教于古希腊哲学家，如柏拉图和亚里士多德等人的哲学理念，并对这些理念进行改造，应用到自己的宗教中。这些人中许多是基督徒，但也有一些重要的哲学家是犹太人或阿拉伯人，如迈蒙尼德（Maimonides）和阿维森纳（Avicenna）。奥古斯丁是其中最伟大的哲学家之一，后来受封为圣徒。

奥古斯丁出生于北非的塔加斯特（Tagaste），当时是罗马帝国的一部分，现在属于阿尔及利亚。他的真实姓名是奥勒留·奥古斯提奴斯（Aurelius Augustinus），但是现在几乎总是被称为圣奥古斯丁（St Augustine）或希波的奥古斯丁（Augustine of Hippo），希波即他后来居住的城市。

奥古斯丁的母亲是基督徒，但父亲信仰当地的宗教。他在青年时代生活十分放荡，很早就进入成年人的世界，还和一个情人生了一个孩子，但在 30 多岁时皈依基督教，最终成为希波的主教。关于他有一个颇为有名的故事：他曾向上帝祈祷，让他失去性欲，但"现在还不要"，因为他仍然非常享受世俗的快乐。后来他写了许多书，包括《忏悔录》（*Confessions*）、《上帝之城》（*City of God*）和其他近百本书，大量借用柏拉图的哲学智慧，但是加入了基督教的诠释角度。

大多数基督徒认为上帝有特殊的能力：至善、全知、全能。这是上帝定义的一部分，没有这些能力，上帝就不是上帝。在许多其他宗教中也有类似的上帝，但是奥古斯丁只关心基督教的视角。

任何相信上帝存在的人都不得不承认世界存在许多邪恶，因为邪恶实在难以否认。有些是自然的邪恶，比如地震和疾病，但另一些是道德的邪恶，即人类的罪恶，谋杀和酷刑是两个极为明显的例子。早在奥古斯丁开始写作之前，古希腊哲学家伊壁鸠鲁（见第四章）就已经认识到这是一对矛盾。一个全能至善的上帝怎么能容忍邪恶存在呢？如果上帝不能阻止邪恶的发生，那么就不是真正的全能，因为能力有限。但是，如果上帝是全能的，却似乎不想去阻止邪恶发生，那他怎么可能是至善的呢？这实在无法理解。即使在今天，许多人仍然为此困扰。奥古斯丁关注的正是道德的邪恶。他意识到，一个至善的上帝知道邪恶会发生，却不加以制止，这实在很难理解。有一种解释是上帝以超越人类所能理解的神秘方式行事，但是奥古斯丁对这一说法不甚满意，他想要知道真正的答案。

想象一下，一个凶手即将杀死受害者，他站在受害者面前，手持一把锋利的刀，邪恶事件即将发生。然而，我们知道上帝有能力阻止谋杀的发生：只要对潜在凶手的大脑神经元进行一些细微的调整，或者每当有人用刀杀人时，上帝就让刀子变软而有弹性，这样刀就会从受害者身上弹开，没有人会受伤。全知的上帝一定知道即将发生的事情，什么都逃不过他的眼睛，而至善的他一定不希望邪恶发生。但是凶手仍然杀死了受害者，钢刀不会变成橡胶，没有强光或雷电阻止凶手，凶器没有奇迹般从凶手手中掉落，凶手在下手前最后一刻也没有改变主意。这是怎么回事呢？这便是经典的"邪恶问题"（Problem of Evil）：如何解释为什么上帝允许这样的事情发生。如果一切都由上帝创造，那么邪恶一定也是上帝创造的。从某种意义上说，上帝一定希望邪恶发生。

奥古斯丁年轻时有一套办法可以避免接受上帝希望邪恶发生这一说法。他是一个摩尼教徒（Manichaean）。摩尼教（Manichaeism）是一种源自波斯（Persia，即今天的伊朗）的宗教。摩尼教徒相信上帝不是全能的，相反，善恶之间进行着永无休止的斗争。因此，上帝和撒旦（Satan）不断为争夺控制权而相互对峙，双方都能力非凡，却都不足以击败对方。在特定的时间、特定的地点，邪恶有可能会占上风，但不会持续很久。善良会发动反击，再次战胜邪恶。这就解释了为什么会发生可怕的事情。邪恶是来自黑暗的力量，而善良则是来自光明的力量。

摩尼教徒相信，一个人的善良来自灵魂，邪恶来自身体，身体带有各种各样的弱点和欲望，常常会把人引入歧途，这就解释了为什么人们有时会被诱导做出错事。"邪恶问题"对摩尼教徒来说不是问题，因为他们不相信上帝是全能的，不可能控制现实中的每一个方面。如果上帝不是全能的，那么他就不应该为邪恶的存在负责，也不应该因为没能阻止邪恶而被责怪。在前面的例子中，摩尼教徒的解释是：凶手的行为是由于他内心的黑暗力量引导他走向邪恶，一个人身上黑暗力量可能非常强大，以至于光明的力量无法将其击败。

后来奥古斯丁不再接受摩尼教对此的解释，他不相信善恶之间的斗争永无止境：为什么上帝没有彻底打败撒旦？善良不是比邪恶有着更强大的力量吗？虽然基督徒承认邪恶的存在，但邪恶永远不会像上帝那样全能而强大。然而，如果像奥古斯丁后来相信的那样，上帝是全能的，那么就仍然需要回答"邪恶问题"：为什么上帝允许邪恶存在？人世间为什么会有这么多邪恶？对于这种没有简单答案的问题，奥古斯丁思考了很久很久，他提出的答案主要基于自由意志的概念：人类有选择下一步行动的能力，这一说法通常被称为自由意志辩护（Free Will Defence）。这就是神义论（theodicy）的范畴：解释为什么至善的上帝会允许苦难发生，并为此提出辩护。

上帝给了我们自由意志。例如，你可以选择是否阅读接下来的一句话。这是你的选择，如果没有人强迫你继续读下去，那么你可以自由地停下。奥古斯丁认为拥有自由意志是好的，可以让我们选择做有道德的事。我们可以决定做一个好人，这对他来说意味着遵守上帝的指令，尤其是十诫（Ten Commandments），以及听从耶稣的话去"爱你的邻居"。但是拥有自由意志的一个后果是：我们也可以决定去做邪恶的事，我们可能会误入歧途，去做坏事，比如撒谎、偷窃、伤害甚至杀人。当情绪压倒理智时，这种情况就会发生。我们对物质和金钱产生强烈的欲望，屈服于肉体的欲望，疏离于上帝及其指令。奥古斯丁相信我们身上的理性应该控制激情，在这一点上他和柏拉图一致。人类与动物不同，具有理性的力量，应该加以使用。如果上帝控制我们，让我们总是选择善良排斥邪恶，我们不会做出任何造成伤害的事，但是也就不会真正地获得自由，不能根据理智作出判断，决定下一步做什么。奥古斯丁认为，上帝可以把我们创造成那样，但是上帝给了我们选择的机会，这样比不给我们选择好得多，否则我们就会像木偶一样，所有的行动都由上帝牵线控制，永远表现良好。在这种情况下，我们都不必去思考如何正确行事，因为没有选择，总是会自动做正确的事情。

所以全能的上帝可以阻止一切邪恶，但邪恶存在于世这一事实并不直接归因于上帝。道德的邪恶是我们自由选择的结果。奥古斯丁还认为，这在一定程度上也是亚当和夏娃所作选择的后果。像他那个时代的许多基督徒一样，奥古斯丁也相信《圣经》第一卷《创世纪》（*Genesis*）中的描述，在伊甸园（Garden of Eden）中亚当和夏娃犯下可怕的错误，偷吃了智慧树（Tree of Knowledge）上的果实，他们背叛了上帝，把原罪（Original Sin）带到人世间。原罪影响的不仅仅是亚当和夏娃，人类的每一个个体都要为此付出代价。奥古斯丁相信原罪通过两性生殖传递给下一代人，因此即使是初生的孩子，他们身上也会带有这种原罪的痕迹，而原罪使我们更容易犯下道德上的错误。

当今的许多读者很难接受我们应该为别人的行为负责并

受到惩罚这样的想法，因为这似乎不公平。但是，邪恶是我们自由选择的结果而不是直接归因于上帝，这一观点仍然被许多信徒接受，这样他们就可以相信存在一个全知、全能、至善的上帝。

波伊提乌（Boethius[1]）是中世纪最受欢迎的作家之一，他相信上帝的存在，但是在自由意志这一点上，他却非常困惑：如果上帝已经知道我们会如何选择，我们怎么还可能根据自己的自由意志作出选择呢？

1　也译为"波爱修斯"。——译注

第七章

哲学的慰藉

波伊提乌

你如果是一名死囚,会不会在生命最后的日子里,把时间花在写哲学书上?波伊提乌就是这么做的,他一生中最后一本书也是他最受欢迎的作品。

波伊提乌(475—525)全名是亚尼修·玛理乌斯·塞维利诺·波伊提乌(Anicius Manlius Severinus Boëthius)。他是古罗马时期最后一批哲学家中的一位,他在世时,罗马帝国就已经开始走下坡路,他去世后20年,罗马帝国就在野蛮人手中灭亡。和古罗马时期的哲学家西塞罗和塞涅卡一样,波伊提乌也认为哲学是一种自助的工具,不仅是一门抽象思维的学科,还可以让人生活得更好。他是连接古罗马哲学和古希腊哲学的纽带，因为他把古希腊哲学家柏拉图和亚里士多德的作品翻译成了拉丁文。没有这样的翻译工作，这些古希腊哲学可能已经失传。同时，波伊提乌也是一名基督徒，他的作品吸引了中世纪虔诚的宗教哲学家的关注。因此，他的哲学思想为古希腊和古罗马思想家与基督教哲学之间搭建了一座桥梁。在他去世后的几个世纪里，基督教哲学一直在西方占据着统治地位。

波伊提乌的一生好运厄运参半。当时统治罗马的是哥特人（Goth）狄奥多里克国王（King Theodoric），他不仅封波伊提乌为执政官（Consul[1]），还把这个头衔赐给了波伊提乌的几个儿子，尽管当时他们年龄很小，凭自己的才智不可能赢得这样的高位。他的一切似乎都顺风顺水：腰缠万贯，出身显赫，备受赞赏。他在做官之外，竟然还有时间研究哲学，而且还是一名多产的作家和翻译家，可以说人生一派春风得意。但后来，他的命运急转直下，被控谋反，从罗马被放逐到拉文纳（Ravenna），投入大牢，备受折磨，最后被殴打、勒颈而死。他一直坚称自己是无辜的，但指控他的人并不相信他的辩解。

在监狱里，波伊提乌知道自己死期将近，于是写下了《哲学的慰藉》（*The Consolation of Philosophy*），这本书在他

---

[1] 古罗马时期的执政官原为最高执政官员，但是在波伊提乌所处的时代已经变成一个荣誉多过实权的头衔。——译注

死后成为中世纪的畅销书。开篇时,正在牢房里自怨自艾的波伊提乌突然看见一个女人正俯视着自己。女人的身高不断变化,越来越高,高上了天空。她穿着一件破破烂烂的裙子,上面绣着一部梯子,梯子从裙子的下摆开始向上升起,从希腊字母 π 开始,一直到字母 θ。她一只手握着权杖,另一只手拿着一本书。这个女人原来就是哲学的化身,前来告诉波伊提乌应该相信什么。她因为波伊提乌忘记了自己而生气,来提醒他应该如何面对发生在他身上的事情。该书接下来的部分是他们之间的对话,话题都与运气和上帝有关。这部书用散文和诗歌的形式写成,描述这个女人也就是哲学给他的人生建议。

她告诉波伊提乌,运气总是会变的,他不应该为此感到惊讶。变幻无常是运气的本质。随着命运之轮的转动,人有时身在最高处,有时落入谷底。一个富有的国王,也可能在一夜之间变得一贫如洗。他应该意识到事情就是这样,运气是随机的。今天运气好,并不保证明天你还是个幸运儿。

芸芸众生让自己的幸福依赖于运气这种瞬息即变的东西,是非常愚蠢的。真正的幸福只能来自人们能够控制的内心世界,而不是任何可能被坏运气摧毁的事物。这就是我们在第五章中谈到的斯多葛学派的立场。如果有人说要用"哲学态度"看待发生在自己身上不尽如人意的事情,他们的意思其实是尽量不要被不受自己控制的事情所影响,比如天气好坏或者父母是谁。哲学告诉波伊提乌,没有什么事物本身是可怕的，一切都取决于人们如何看待这些事物。幸福源自内心，而不依赖外部世界。这样的说法一定会得到斯多葛学派哲学家爱比克泰德的认同。

哲学希望波伊提乌再次投入她的怀抱。她告诉他，尽管他身处监狱等待受死，但仍然可以得到真正的快乐。她能够让他摆脱烦恼，并告诉他：财富、权力和荣誉是没有价值的，因为它们来去不定。不应该把自己的幸福建立在如此脆弱的基础上，幸福必须基于更为坚实、不能被夺走的东西。波伊提乌相信自己死后会去另一个世界，因此在琐碎的世俗中寻求幸福是错误的，反正死后会失去人世间的一切。

但是在哪里可以找到真正的幸福呢？哲学的回答是：上帝或仁善，而上帝即仁善，两者是同一的。波伊提乌是一位早期的基督徒，他在《哲学的慰藉》中却并未提到这一点。哲学提到的上帝可以是柏拉图所说的上帝，一种至纯的仁善，但是后世的读者能从《哲学的慰藉》中领会到基督教的教义，包括荣誉与财富都是不值一提的东西，以及顺从上帝旨意的重要性，等等。

在《哲学的慰藉》一书中，自始至终是哲学在提醒波伊提乌已经知道的东西。这其实也是柏拉图的观点，因为柏拉图相信，学习其实是让我们回忆起自己已有的想法，我们从来没有真正学到过新的东西，只是唤醒了过去的记忆。人生就是一次努力回忆我们已知东西的历程。在写下这本书之前，波伊提乌已经在某种程度上知道担心失去自由和尊重是错误的，因为这些并非他自己能够控制。他可以选择如何面对自己的处境，这才是真正重要的。

但是，还有一个问题在困扰着波伊提乌，这个问题也同样让许多信仰上帝的人深感疑惑：既然上帝是完美的，那他就不但知道业已发生的一切，而且知道将要发生的一切，这才是"无所不知"。因此，如果上帝存在，他必然知道谁将赢得下一届足球世界杯，以及我接下来要写什么。他一定事先知道将会发生的一切，而且他预见会发生的事情一定会发生。所以在任何一个时刻，上帝都一定知道事情接下来的发展方向。

由此推理，上帝已经知道我接下来要做什么，即使我自己都还并不确定。当我面临下一步抉择的时候，似乎存在多种可能性。比如，我走到一个岔路口时，可以选择向左或向右，也可以选择就地坐下。我写到这里，也可以选择休息一下，去给自己煮点咖啡，或者选择继续在笔记本电脑上码字。这似乎完全是我的选择，做或不做由我做主，没有人强迫我。同样道理，只要你愿意，可以选择现在就闭上眼睛不接着往下看。但是，如果无所不知的上帝已经预知我们下一步会做什么，那怎么还可能是我们自由的选择呢？

如果上帝已经预知你和我下一步要做什么，那么我们怎么可能真正对自己下一步的行动有选择权呢？难道选择只是一种幻觉吗？如果上帝无所不知，我似乎就不能拥有自由意志。十分钟前，上帝完全可能已经在纸上写下："奈杰尔会继续写下去。"上帝的话必然是对的，所以我一定会继续写下去，不管我当时是否意识到这一点。但是如果上帝能预知我会这么做，那么我当然不可能选择其他的行动，即使我以为可以自由选择。由此推出来，我的一辈子已经被安排好了，包括每一个细节。那么，如果我们对自己的行为没有选择的权力，却要对自己的所作所为接受惩罚或奖励，这怎么可能是公平的呢？如果我们对自己的行为不能作出选择，那么上帝又如何决定我们是否上天堂呢？

这个令人困惑的问题就是哲学家所说的悖论。上帝知道我一定会做什么，而我仍然可以自由选择要做什么，这是相互矛盾的。如果你相信上帝无所不知，那么这两个论点听上去分别都很合理，然而，两个合理的论述，为什么会相互矛盾？

哲学，也就是出现在波伊提乌牢房里的那个女人，给出了答案。她告诉他，我们确实拥有自由意志，这不是幻觉。上帝知道我们将要做什么，但是我们的人生轨迹并非命中注定。换言之，上帝知道我们要做什么跟宿命（即我们无权决定将要做什么）是不同的。我们对下一步要做什么仍然有选择的权力。把上帝想象成一个人，随时间推进关注着事情的发展，这是一种错误的观点。哲学告诉波伊提乌，上帝不受时间束缚，是完全超越时间的。

这意味着上帝在一瞬之间掌控一切，把过去、现在和未来视为一体。在我们凡人的一生中，总是一件事情接着另一件发生，但上帝并不这样看我们。上帝之所以能够在预知未来的同时不破坏我们的自由意志，不把我们变成某种没有选择的、预先编程的机器，是因为上帝根本不会在任何特定的时间点观察我们。他以一种不受时间束缚的方式看待所有的事情。而且，哲学还提醒波伊提乌，不要忘记即使上帝预知凡人下一步会做什么，他仍然会对他们的所作所为、他们的选择做出评判。

如果哲学的说法是对的，如果上帝存在，那么他知道我会在什么时候结束这个句子，但是我自由选择的结果是我会在这里写上句号。

与此同时，你仍然可以自由选择是否要阅读下面一章，下一章将探讨相信上帝存在的两个论点。

第八章

完美之岛

安瑟伦和阿奎那

上帝是什么样子？我们心目中都有一个想象。我们都明白"上帝"是什么意思，不论是否相信上帝真实存在。你现在一定正在想象自己心目中的上帝是什么样子，但是这并不等于说上帝确实存在。安瑟伦（Anselm[1]，约1033—1109）是一位意大利神父，后来成为坎特伯雷大主教（Archbishop of Canterbury），他在这个问题上的论述与众不同，其"本体论论证"（Ontological Argument）理论声称，从逻辑上看，正因为我们心中有"上帝是什么样子？"这样的想法，就足

---

[1] 也译为"安瑟姆"、"安瑟尔谟"等。——译注

以证明上帝确实存在。

安瑟伦的这个说法出现在其著作《论证》(Proslogion)中，论述的起点并无争议：没有任何比上帝更伟大的存在。换句话说，上帝是可以想象到的最伟大的存在：全知、全能、至善。人不可能想象到比上帝更伟大的东西，如果能想象到什么比上帝还伟大，那其实就是上帝，上帝是至高无上的存在。这种对上帝的定义似乎没有争议，例如，波伊提乌（见第七章）就以类似的方式定义上帝。另一方面，在我们脑海中，可以对上帝是什么样子有一个清晰的想法，这一点也没有争议。但是，安瑟伦接着指出，一个只存在于我们的头脑中的上帝不可能是最伟大的东西，一个真实存在的上帝肯定会更加伟大。上帝在想象中是存在的，即使是无神论者通常也能接受这一点。但是，想象中的上帝不可能比现实存在的上帝更伟大。安瑟伦因此得出结论：根据对上帝的定义，必定能从逻辑上推断出上帝的存在。他的意思是，就因为心中有关于上帝的想法，我们便可以确定上帝是存在的。这是先验论证（a priori argument）的做法，得出的结论不依赖于任何对世界的观察。这是一个合乎逻辑的论述，似乎从一个毫无争议的出发点证明了上帝的存在。

安瑟伦以画家为例说明自己的观点。画家在动笔之前会先进行想象，然后画出想象中的场景。那么，这幅画作既存在于想象中，也存在于现实中。上帝与画画这样的例子不同。安瑟伦认为，如果只在心中有对上帝的想法，而没有上帝的真实存在，这在逻辑上是说不通的，虽然我们可以很容易地想象一个画家头脑中有一幅景象，但从未落在纸上，所以这幅画只存在于头脑中，而不是现实世界。我们可以在头脑中想象出任何其他并不存在的事物，这没有问题，但是上帝却不是这样，上帝有一种独一无二的特性：如果我们真正理解上帝是什么，我们就会认识到上帝不可能不存在。

大多数人在明白了安瑟伦是如何"证明"上帝存在之后，都会觉得他的论证过程可疑，感觉就是不对劲。没有多少人纯粹因为安瑟伦的论证而信仰上帝。然而，安瑟伦却引用《圣经·诗篇》(*Psalms*)，说只有傻瓜才会否认上帝的存在。与安瑟伦同时代的另一位修道士马尔穆热的高尼罗（Gaunilo of Marmoutiers）对安瑟伦的论证提出批评，以一个思想实验来支持安瑟伦笔下那个傻瓜的观点。

想象一下，在大海深处，有一个无人能及的岛屿。岛上有令人难以置信的财富，各种珍禽异兽、奇花异草，而且无人居住，使之更为完美。事实上，它是人们能想象到的最完美的岛屿。如果有人说，这个岛屿根本不存在，他们的意思很清楚，不难理解。但是，如果他们告诉你，这个岛屿必定真实存在，原因是它比任何其他岛屿都更完美。在你心中，会对这个岛屿是什么样子有一个想法，但是只存在于你心中的岛屿一定不会是世界上最完美的，于是这个完美岛屿必然存在。

高尼罗指出，如果有人用这样的论证过程来说服你承认这个世界上最完美的岛屿确实存在，你可能会认为是在开玩笑。你只是想象一下一个完美岛屿的样子，它就真实存在了，这太荒谬了。高尼罗指出，安瑟伦对上帝存在的论证与对最完美的岛屿存在的论证过程是一样。如果你不相信世上最完美的岛屿一定存在，为什么就会相信完美之巅——上帝的存在呢？同样的论证过程可以用来论证所有事物的存在：最完美的岛屿、最完美的山脉、最完美的建筑、最完美的森林，等等。高尼罗信仰上帝，但是他认为安瑟伦对上帝存在的论证软弱无力。安瑟伦对这一批评作出了回应：他的这一论证只适用于上帝，并不适用于岛屿，因为其他事物都只可能是同类事物中最完美的，而上帝是一切事物中最完美的，所以上帝必然存在，而且是唯一不可能不存在的事物。

两百年后，另一位后来封圣的意大利人托马斯·阿奎那（Thomas Aquinas，1225—1274）在《神学大全》(*Summa Theologica*)这部长篇巨著中一个很短的章节里，概述了五个旨在证明上帝存在的观点，即五路证明（Five Ways）。现在，五路证明比这本书的其他部分更广为人知。五路证明中的第二个被称为"第一因论证"（First Cause Argument），和阿奎那的其他哲学思想一样，这个论证是基于亚里士多德早就使用过的论证方法。跟安瑟伦一样，阿奎那希望用逻辑推理来证明上帝的存在，第一因论证以宇宙，即世上一切事物的存在为出发点。看看你的周围，这一切都是从哪里来的？简单的回答是万事万物都有某种成因，这种成因使之存在，并成为现在的样子。就拿足球来说，它是许多成因的产物：设计和制造它的人、用来制作的原材料，等等。但是，是什么成因让原材料存在呢？是什么成因让这些成因出现呢？你可以一步步回溯追踪，但是，这一连串的因果关系是否永无尽头呢？

阿奎那坚信不可能有永无止境的因果关系，不可能沿着时间无止境地倒退回溯成因，即无穷回归。如果存在无穷回归，就意味着永远不会有第一因，即一切事物的最早成因，因为在这之前必然还有更早的成因，成因之前还有成因，无穷无尽。但是阿奎那认为，从逻辑上讲，一定会在某处，有某种东西开启了所有的因果链。依照他的观点，这种东西一定自己没有成因，但可以作为其他事物的成因，接着在一系列的因果关系之后，把我们带到了现在的世界，这是一个无因之因，也就是第一因。阿奎那称：第一因必然是上帝，上帝是一切事物的无因之因。

后来的哲学家们对这一观点作出了诸多评论。一种意见指出，即使你同意阿奎那的观点，认为存在一个无因之因启动世间万物，也没有特别的理由相信这个无因之因就是上帝。无因之因必然非常强大，但是在阿奎那的第一因论证中，并没有说明它必须具有宗教通常认为的上帝所具有的属性。例如，这样一个无因之因并不需要至善或全知。它可能就是某种能量的爆发，而不是一个人格化的上帝。

另一个可能的反对意见是，我们不必接受阿奎那的假设，即不可能存在一个因果关系的无穷回归。我们怎么知道不可能呢？对于任何一个宇宙的第一因，我们总是可以问："是什么造成的？"阿奎那只是简单地假设，如果我们不断地问这个问题，我们将会到达一个点，在那里答案将是"什么也没有，这是一个无因之因"。但是阿奎那的这个假设，跟无穷回归相比并没有明显的优势。

安瑟伦和阿奎那这两位圣人的共同之处是对上帝的信仰以及对宗教生活方式的全心投入，这与尼可罗·马基雅弗利（Niccolò Machiavelli）形成了鲜明的对比，后者是一个世俗思想家，有人把他比作魔鬼。

第九章

狐狸和狮子

尼可罗·马基雅弗利

想象你是一个君主,统治着一个城邦,比如 16 世纪意大利的佛罗伦萨(Florence)或那不勒斯(Naples)。你拥有绝对的权力,发布的命令一定会被执行。如果你想把一个人扔进监狱,不管是因为他公开反对你,还是因为你怀疑他密谋刺杀你,你只要动动口就行。你手下的军队忠心耿耿,但是周围城邦的君主却个个虎视眈眈,时刻算计着要征服你的城邦。你应该怎么做?是否应该诚实有信、善意行事,总是想到人们好的一面?

尼可罗·马基雅弗利(1469—1527)认为,这么做可能是一个很糟糕的主意,尽管你可能希望显得诚实而善良。在他看来，有时候说谎、违背诺言甚至谋杀敌人是更好的选择。作为君主，你不必担心是否信守诺言，一个执政能力强的君主必须"学会如何不做好人"。保住权力是最重要的，为了达到这个目的，无论做什么都可以接受。不难想象，《君主论》(*The Prince*)这本书自1532年出版以来就一直声名狼藉。一些人认为这本书是邪恶的，或者充其量是一本黑帮互斗手册，另一些人则认为它是有史以来对政治斗争现实最准确的描述。今天的许多政客都读过这本书，尽管只有一些人承认这一点，这或许恰好表明他们正在将书中的原则付诸实践。

马基雅弗利在佛罗伦萨以南约11公里远的一个农庄里写成了《君主论》，这本书是写给那些刚刚获得权力的人看的，并不是普通人的人生指南。16世纪的意大利是一个危险的地方。马基雅弗利在佛罗伦萨出生并长大，年轻时是一名外交官，曾周游欧洲各地，结识了几名国王，一位皇帝，还有教皇。然而，这些人并未赢得他的敬仰，唯一给他留下深刻印象的君主是切萨雷·波吉亚（Cesare Borgia），一个冷酷无情的人。他是教皇亚历山大六世（Alexander VI）的私生子，毫不留情地欺骗、杀害对手，意大利的大片区域都掌握在他的手中。在马基雅弗利看来，波吉亚每一步都做得很对，但却败在了厄运手中，在对手发动进攻的时候病倒了。厄运在马基雅弗利的人生中也扮演了重要的角色，这正是他努力思考的一个主题。

当佛罗伦萨过去的统治者、极其富有的美第奇（Medici）

家族重掌权力时，他们将马基雅弗利投入监狱，罪名是他参与了推翻美第奇家族的阴谋。马基雅弗利在牢中遭受严刑拷打，侥幸未死，他的一些同僚就没有这么好的运气，被处决了。因为他没有承认任何罪名，受到的惩罚只是被放逐，再也不准回到他所热爱的城市，与政界完全隔绝。在佛罗伦萨城外乡下的农庄里，他每天晚上都会想象与历史上伟大的思想家进行对话，一起讨论维护权力的最佳方式。他写《君主论》可能是为了引起当权者的注意，以求谋得幕僚的职位，从而重返佛罗伦萨，真正体验政治斗争的刺激和危险。但这个目标并没有实现，马基雅弗利最终成为一名作家。除了《君主论》，他还写了其他几本关于政治的书，并且是一位成功的剧作家，他的剧本《曼陀罗》（*Mandragola*）直到今天仍时而排演。

那么马基雅弗利到底提出了什么建议，让大多数读者如此震惊？他的主要观点是，一个君主必须具有一种他称之为"德性"（*virtù*）的素质，这个词在意大利语中意为男子气概或勇气。这如何解释呢？马基雅弗利相信成功在很大程度上取决于运气，我们的命运一半是出于偶然，另一半是自己的选择。但他同时也相信，果断行事可以提高成功的概率。运气在我们的生活中起着非常重要的作用，但并不意味着我们必须逆来顺受。就像河流可能会泛滥，这是我们无法阻止的，但是如果事先建造了水坝和防洪设施，就有更大的生存机会。换句话说，一个准备充分且能抓住机会的君主比那些不做准备的人更可能成功。

马基雅弗利坚持认为，他的哲学是从实际生活中提炼出来的。他把一系列不久前发生的事件用作例子向读者解释自己的观点，这些例子大多涉及他亲身所遇之人。例如，当切萨雷·波吉亚发现奥西尼（Orsini）家族计划推翻他时，假装自己一点疑心都没有，把他们骗到一个叫西尼加利亚（Sinigaglia）的地方与他会面，等他们一到，波吉亚便将其全部杀害。马基雅弗利赞同这种伎俩，在他看来，这个例子很好地体现了君主的"德性"。

另一个例子，当波吉亚控制了罗马涅（Romagna）之后，故意任命了一个特别残忍的指挥官雷米罗·德奥尔科（Remirro de Orco）担任当地首脑。德奥尔科的统治令当地人非常恐慌，被迫屈服。当罗马涅局势缓和之后，波吉亚并不想让德奥尔科的残忍败坏自己的名声，于是将其杀死，还把他的尸体砍成两半丢弃在城中广场示众。马基雅弗利认同波吉亚这种可怕的行事手法，因为波吉亚实现了自己的目标，让罗马涅的居民臣服于他。居民们看到德奥尔科死了都很高兴，但也意识到一定是波吉亚下令杀死他的，这让人们万分惊恐，如果波吉亚对自己任命的指挥官都能下此狠手，那么没有谁是安全的。因此，在马基雅弗利看来，波吉亚的行为是具男子气概的，展示了"德性"，正是一个明智的君主应该做的。

这听起来好像马基雅弗利赞成谋杀。很明显，他认为在某些情况下，谋杀是必需的，倘如结果证明必须这么做。但谋杀并不是这些例子的重点，他想说明的是，波吉亚谋杀对手，以及杀死指挥官德奥尔科以杀一儆百，都产生了预期的效果，防止了进一步的流血事件。通过迅速而残酷的行动，波吉亚得以保住手中的权力，或是预防了罗马涅居民的反抗。在马基雅弗利看来，结果是最重要的，如何实现结果则是次要的。波吉亚是一个好君主，因为当有必要动手来保住权力时，他没有过于拘谨。马基雅弗利不赞成毫无意义的谋杀，在他举的例子中，谋杀并非没有意义。在以上两个例子中，如果心怀怜悯，反而会造成灾难性后果，对波吉亚本人和他治下的国家来说都是如此。

马基雅弗利强调，作为一名领袖，令人畏惧比让人爱戴更好。理想状态是让人既畏惧又爱戴，但这很难实现。如果你依靠人们爱戴你，那么一旦形势困难，你就可能被抛弃。如果他们害怕你，就不敢背叛你。这里体现了他思想中的犬儒主义，他对人性的评价很低，认为人不可靠、贪婪、不诚实。如果想成为一名成功的统治者，就需要明白这一点。寄希望于任何人信守诺言都是危险的，除非他们害怕不信守诺言可能带来的后果。

如果你可以通过表现善意、信守诺言、深受爱戴来实现目标，那么就应该这么做（或者至少表面应该如此）。但如果你做不到这些，就必须把人性美德与原始兽性结合起来。其他哲学家强调领导者应该依靠人性品质取胜，但是马基雅

第九章 狐狸和狮子

弗利却认为，有时候领导者必须像野兽一样行事才能让行动奏效。在这里，人类要学习的动物是狐狸和狮子。狐狸狡猾，能够及时发现陷阱，而狮子非常强壮、令人恐惧。作为领导者，如果总是像狮子一样靠蛮力行事是不行的，那会面临掉进陷阱的危险。也不能仅仅是一只狡猾的狐狸，因为偶尔需要狮子般的力量来保证安全。但是如果你依靠的是自己的善良和正义感，在领导位置上就坐不了多久。幸运的是，人们很容易被外表迷惑，从而上当受骗。所以，作为一个领导者，你也许可以在表面上展示诚实和善良，同时却出尔反尔，残忍行事。

读到这些内容，你可能会认为马基雅弗利是一个邪恶的人。许多人确实这么认为，"马基雅弗利式的"常被用作一种侮辱性用语，形容那些阴谋利用别人来实现自己目的的人。但也有哲学家认为，马基雅弗利的理论中有一些重要的东西，也许作为领导者，通常意义上的良好行为并不管用。在日常生活中表现善良，信任别人的承诺是一回事，但是如果你是在领导国家，那么相信其他国家会守规矩就可能导致非常危险的政策。1938年，英国首相内维尔·张伯伦（Neville Chamberlain）相信了阿道夫·希特勒（Adolf Hitler）的承诺，认为德国不会进一步扩张。现在看来，张伯伦当时既天真又愚蠢。如果马基雅弗利在场，他一定会向张伯伦指出，希特勒完全有理由撒谎，不应该相信他的话。

另一方面，我们不应该忘记马基雅弗利支持以极端残忍的手段对付潜在的敌人。即使在16世纪血腥的意大利，他对切萨雷·波吉亚的所作所为公开表示认同，也是非常令人震惊的。许多人认为，一个领导人如何对付自己的敌人，应该有严格的限制，而且这些限制应该由法律来规定。如果没有限制，最终剩下的都是野蛮的暴君。希特勒、波尔布特（Pol Pot）、伊迪·阿明（Idi Amin），萨达姆·侯赛因（Saddam Hussein）和罗伯特·穆加贝（Robert Mugabe）都使用了和切萨雷·波吉亚一样的手段来维持自己的权力，他们可没有替马基雅弗利哲学打出好的广告。

马基雅弗利认为自己是一个现实主义者，认识到人的本质是自私的。托马斯·霍布斯（Thomas Hobbes）同样认为人的本性是自私的，这也是他有关社会应该如何构建的思想体系的基石。

第十章

恶劣、野蛮、短暂

托马斯·霍布斯

托马斯·霍布斯（1588—1679）是英国最伟大的政治思想家之一。鲜为人知的是，他还是一个早期的健身狂人。他每天早晨出门长走，快步爬山，直到喘不过气来。他随身携带一条特制手杖，把手上有个墨水盒，在外面运动时忽然有什么好的想法，可以随时记下来。他个子高高，脸色红润，唇上留髭，下巴上也留着一小把山羊胡，总是很开心的样子。他年幼时曾体弱多病，成年后却非常健康，上了年纪后仍坚持打宫廷网球（real tennis[1]）。他很爱吃鱼，不怎么喝酒，

---

[1] 现代网球的前身，在四周为墙的室内场地进行，也直译为"真实网球"。

——译注

还时不时关上门、在没人的地方高歌一曲以锻炼肺活量。当然，跟大多数哲学家一样，他也有一个高度活跃的大脑。他活到了91岁，这在平均寿命35岁的17世纪是非常罕见的。

尽管霍布斯性格和蔼可亲，但跟马基雅弗利一样，他对人性的评价也很低。他认为人在根本上都是自私的，所作所为均出于对死亡的恐惧以及对个人利益的渴求。无论有意还是无意，每个人都在寻求凌驾于他人之上的力量。如果你不接受霍布斯对人性的描述，为什么你离开家的时候要锁门呢？难道不是因为你清楚有很多人会乐得把你的东西一卷而空？但是，你可能会说只有一些人是自私的。霍布斯不会同意这种看法，他认为，在内心深处，我们都是自私的，只有法治和惩罚的威慑力才能让我们的行为受到约束。

他认为，正因如此，如果社会崩溃，人们不得不生活在他所称的"自然状态"（a state of nature）中、没有法律或无法执法的时候，你就会跟其他人一样，在必要时偷窃、杀人。如果想生存下去，就必须这样做。在一个资源稀缺的世界里，特别是找不到足够的食物和饮水、为生存苦苦挣扎的时候，在别人杀死你之前杀死别人实际上是合理的。霍布斯对社会之外的生活状态的描述令人颇为难忘："孤独、困苦、恶劣、野蛮、短暂。"

如果国家的权力被剥夺，人们可以任意抢夺他人的土地、随意杀害他人，其后果就是永无休止的战争、人们彼此为敌，很难想象还有比这更糟的情况。在这个无法无天的世界里，即使是最强壮的人也无法长久保证自己的安全。每个人都需要睡觉，睡着的时候就是最易受人攻击的时候。即使是最弱小的人，如果足够狡猾，也能够消灭最强大的人。

你可能会想，避免被杀的方法就是和朋友合作。问题是你不知道有没有人值得信任。如果有人答应帮助你，有时候违背承诺可能更符合他们的利益。任何需要合作的事情，如大规模种植或修建房子，都离不开基本的信任。知道自己受骗时，为时已晚，也许你已经被人从背后捅了一刀，再没有机会报复捅你刀子的人。你四处受敌，永远生活在恐惧中，这番景象真是让人不寒而栗。

霍布斯认为，解决这个问题的办法是让一些强势人物或是议会掌权。处于自然状态的个人必须同意执行"社会契约"（social contract），放弃一些个人自由以获得安全保障，而这些个人自由本身就具有危险性。如果没有他称之为"主权者"（sovereign）的人或机制，生活无异于地狱。主权者被赋予权力，对任何越界者施以严厉的惩罚。霍布斯认为，我们都认可一些自然法则很重要，比如己所不欲勿施于人。如果没有强有力的个人或机制保证实施，法律就失去了意义。没有法律，没有强大的主权者，生活在自然状态下的人们最终都会面临暴力死亡。唯一的安慰是，这样的人生将非常短暂。

霍布斯最重要的著作《利维坦》（*Leviathan*[1]，1651）详

---

1 又译为《巨灵论》。——译注

第十章 恶劣、野蛮、短暂

细解释了从噩梦般的自然状态转变为尚可忍受的安全社会所需要采取的步骤。利维坦是《圣经》中记载的一种巨型海怪，被霍布斯用来比喻国家的强大力量。《利维坦》以一个比山高的巨人开篇，他手持宝剑和权杖。这个巨人由许多细小的个人组成，他们仍然是可以辨认的个体。巨人代表的是一个以主权者为首的强大国家。霍布斯相信，如果没有主权者，一切都会分崩离析，社会将分解成单独的个人，为了生存而相互残杀。

因此，处于自然状态的个体必须相互合作、寻求和平，这是唯一可能得到保护的办法，否则他们的人生将会非常可怕。安全远比自由重要，对死亡的恐惧会驱使人们形成社会。他认为，人们会同意放弃相当多自由以求达成社会契约，接受主权者对他们施加法律约束。与其相互残杀，不如臣服于强权者的掌管。

霍布斯一生经历过多次危险，甚至在出生之前便已有危险降临。他还在娘胎里的时候，母亲听说西班牙无敌舰队（Spanish Armada）正向英国驶来，打算大举入侵，惊吓之下早产，幸好无敌舰队并未出现。后来，他为了躲避英国内战搬到巴黎，但是对英国随时可能陷入无政府状态的恐惧，形成了他晚期写作中挥之不去的阴影。《利维坦》在巴黎写成，1651年出版后不久，他回到了英国。

和他同时代的许多思想家一样，霍布斯不仅仅是一个哲学家，而且多才多艺、博学多知。他对几何学和自然科学有深入的了解，对古代历史也有浓厚的兴趣。年轻时他热爱文学，从事创作和翻译。人到中年才开始涉足哲学，是一个唯物主义者，相信人类仅仅是物质存在，根本没有灵魂这种东西，我们有的只是身体，而身体是一部复杂的机器。

钟表机械是17世纪最先进的技术。霍布斯认为，身体的肌肉和器官相当于钟表的部件，他经常在文字中提到行动的"弹簧"以及推动我们的"转轮"。他相信，人类存在的方方面面，包括思想，都是物理活动，他的哲学没有给灵魂留下任何空间。许多现代科学家持有同样的观点，但是在他那个时代，这还是非常激进的思想。他甚至声称上帝一定是一个巨大的实体物件，不过有些人认为他这么说不过是用一种隐晦的方式宣称自己是一个无神论者。

霍布斯的批评者认为，在他的哲学理论中，国王、女王、议会等主权者被赋予过多的权力以管制社会中的个体。他所描述的国家就是我们今天所说的专制国家：主权者对公民几乎拥有无限权力。和平也许值得获取，对可能死于暴力的恐惧让人们有了强烈的动机臣服于能够维持和平的权力。但是把这么多权力交到一个人或一群人手中是危险的。他不相信民主，不认为人民有能力自己做决定。但是如果他知道20世纪暴君的恐怖行径，也许会因此改变想法。

霍布斯不相信灵魂存在，这一点是人所周知的。与他同时代的勒内·笛卡尔则相反，认为精神和身体是完全不同的东西。可能就是出于这个原因，霍布斯认为笛卡尔的几何学比哲学好得多，不应该改行。

第十章 恶劣、野蛮、短暂

第十一章

你会不会是在做梦呢?

勒内·笛卡尔

闹钟响了,你关掉,从床上爬起来,穿好衣服,吃完早餐,准备迎接新的一天。接着,意想不到的事情发生了:你醒来了,意识到这一切不过是在做梦。在梦中,你醒来,开始一天的生活,但实际上,你仍然蜷缩在被子下酣睡。如果你有过这样的经历,就会明白我在说什么,这通常被称为"假醒"(false awakening),往往栩栩如生。法国哲学家勒内·笛卡尔(1596—1650)就有过这样的经历,他因此开始思考,怎么才能肯定自己不是在梦中呢?

哲学是笛卡尔众多学术兴趣中的一个。他是一位杰出的数学家,最出名的也许是他发明的"笛卡尔坐标系"(Cartesian

co-ordinates），据说是他看到一只苍蝇在天花板上爬行，于是想到应该如何描述它在不同点上的位置。科学令他着迷，他既是天文学家也是生物学家。作为哲学家，他的声誉主要来自所著的《沉思录》(Meditations)和《谈谈方法》(Discourse on Method)：他在这两部书中探索了自己认知的极限。

跟大多数哲学家一样，笛卡尔喜欢在相信某一样东西之前，先问问自己为什么会相信，他也喜欢问一些别人意想不到、难以招架的尴尬问题。当然，笛卡尔明白，生活中不可能无休止地质疑一切。大多数时候，你都必须信任一些东西，否则生活将举步维艰，第三章中的皮浪一定意识到了这种艰难。但是笛卡尔认为，在自己的一生中，至少值得做一次尝试，弄清楚什么东西是可以确信无疑的，如果这样的东西存在的话。为了做到这一点，他发明了一种方法，也就是被称为"笛卡尔怀疑论"的方法论（Method of Cartesian Doubt）。

这个方法非常简单明了：对任何事物，如果对其真实性有一丁点怀疑，就不要相信。想象有一大袋苹果，你知道其中一些发霉了，但不确定是哪些，但是你只想要好苹果，怎么办呢？一个办法是把所有苹果都倒在地上，逐个检查，只把绝对确定是好苹果的放回袋子里。在这个过程中，你可能会扔掉一些好苹果，因为它们看起来好像里面有点发霉。这样做的结果是只有好苹果才能进入袋子里。这差不多就是笛卡尔的怀疑方法论。如果你相信什么事情，比如"我现在正在读这篇文章",对这个想法进行检验,只有在确定不可能是错的、没有误导性的情况下才接受。哪怕有一丁点的怀疑,就不要接受。笛卡尔用这个方法检验了一系列他曾经相信的事情,质疑自己是否绝对相信这些事情的真实性。世界真的是他眼中的样子吗?他确定自己不是在做梦吗?

笛卡尔想要实现的,是找到一件自己确信无疑的事,成为他掌控现实的起点。这么做的风险是可能陷入怀疑的旋涡,最终得出结论是没有任何东西是可以确信的。他采取了一种怀疑主义的方法,但又与皮浪及其追随者不同。皮浪一派意图表明没有任何东西是可以确定的,而笛卡尔想要表明的是,有些看法即使用最严苛的怀疑方法来检验也是无法动摇的。

笛卡尔寻找确定性的努力,从对感官的思考开始:视觉、触觉、嗅觉、味觉、听觉,这些感觉我们可以相信吗?他的结论是不可以。感官有时会欺骗我们,而我们自己也会犯错。以视觉为例,你的视力是否一定可靠?你总能相信自己的眼睛吗?

一根直直的棍子伸到水里,如果从侧面看,棍子似乎变弯了。一座方塔从远处看像是圆的。我们都时不时会看错。笛卡尔指出,如果感官曾经误导过你,继续相信来自感官的证据是不明智的。他拒绝将通过感官获得的信息作为确定性的证据来源,因为他无法肯定自己的感官没有在欺骗自己。大部分时间可能没有,但是因为存在被欺骗的可能,哪怕可能性微乎其微,也使得他无法完全信任感官。在这种情况下,

第十一章 你会不会是在做梦呢?

他有什么办法呢？

你作为读者，一定相当确信"我现在正醒着读这篇文章"。我希望你没有看着这本书就睡着了。你为什么要怀疑自己是不是醒着的呢？但是我们在前面提到过，梦中的你可能以为自己是醒着的。你怎么知道你现在不是在做梦？也许你觉得经历非常真实、详细，不可能是在做梦。但是，很多人都做过真实感非常强的梦，你确定自己现在不是正在做着这样一个非常逼真的梦吗？你怎么知道呢？也许刚刚掐了自己一下，看看是不是睡着了。如果没有，掐一下试试。但是这能证明什么呢？什么都不能证明。你也许梦见掐了自己一下，所以你仍然可能是在做梦。我知道感觉上不像是这样，而且也不太可能是这样，但你究竟是醒着还是在做梦，一定存在着一点怀疑的空间。因此，应用笛卡尔的怀疑方法论，你必须拒绝接受"我现在正在读这篇文章"这一论述的真实性，因为你无法完全确定。

所以说我们不能完全相信自己的感觉，我们也不能完全确定自己是不是在做梦。但是，笛卡尔指出，即使在梦中，2 加 3 还是等于 5。笛卡尔采用了一个思想实验，通过一个虚构故事来阐明这个观点，把怀疑尽可能推得更远，提出了一个比"我是不是在做梦？"更严格的测试。想象一下，有一个魔鬼，他威力强大、聪明无比，但又非常狡猾。这个魔鬼可以让你每次做 2 加 3 的时候，结果看起来都应该是 5，虽然 2 加 3 实际上等于 6。你不会知道这是恶魔对你的脑子做了手脚，你只是在天真地把数字加起来。一切看起来都很正常。

很难证明这种情况不是正在发生。也许这个极其狡猾的恶魔让我产生幻觉，以为自己正坐在家里用笔记本电脑打字，而实际上我正躺在法国南部的海滩上。或者我只是恶魔实验室架子上一罐液体中的一个大脑。他可能在我的大脑里植入了电线，给我发送电子信息，让我觉得自己正在做一件事，而其实却是在做另一件完全不同的事。也许这个恶魔让我觉得自己是在输入一些有意义的词，而实际上我不过在一遍又一遍输入同一个字母。我们无从得知这是真是假。无论听起来多么荒谬，你都无法证明这种情况不是正在发生。

这个思想实验正是笛卡尔将怀疑推向极限的方式。如果我们可以肯定，有那么一件魔鬼再狡猾也是不能欺骗我们的事情，那就实在太神奇了，而且也可以回应那些声称我们无法确切知道任何事情的人。

他进一步的推论引出了哲学界最著名的一句话，很多人都知道这句话，但并不一定真正理解其含义。笛卡尔指出，如果这个恶魔存在，并一直在欺骗他，那么恶魔一直在欺骗的必须是一个存在的东西。只要他会思考，那么他，笛卡尔，就必定存在。如果他不存在的话，魔鬼不可能让这个不存在的他相信自己的存在，因为不存在的东西不可能有思想，不可能去相信什么。于是笛卡尔得出了"我思故我在"（拉丁语为 *cogito ergo sum*）这个结论。我在思考，所以我必须存在。

第十一章　你会不会是在做梦呢？

你也可以自己试一下这套推理,只要你能思考或有感觉,你就不可能不存在,至于你是什么,那就是另一个问题了。你可以怀疑你是否拥有身体、视觉或者触觉,但是不能否认你是某种有思考能力的存在,因为否认这一点将导致自相矛盾。如果你能够怀疑自己的存在,这种行为本身就证明你是一个有思想的存在。

这听起来好像没什么大不了,但是能够确信自己的存在,在笛卡尔看来是非常重要的,因为这表明那些怀疑一切的人,即皮浪怀疑论者(Pyrrhonic Sceptics)是错的。这也是笛卡尔二元论(Cartesian Dualism)的起点,之所以称之为二元论,是因为在这种理论中,思想和身体是彼此分离并相互作用的两类东西。20世纪的哲学家吉尔伯特·赖尔(Gilbert Ryle)将这种观点嘲讽为"机器中的鬼魂":身体是机器,灵魂栖息在机器中。笛卡尔认为,思想能够对身体产生影响,反之亦然,因为两者在大脑中的某一点——松果体上交互作用。但是他的二元论也给他自己留下了难题:如何解释一个非物质的东西,称之为灵魂、心灵或思想都行,但这个非物质的东西是如何使物质的身体产生变化的?

相对于身体的存在,笛卡尔对于思想的存在更为确定。他可以想象没有身体,但他无法想象没有思想。如果他想象自己没有思想,这就意味着他仍然在思考,证明了他有思想,因为如果他没有思想,他根本就不可能思考。这种认为身体和思想可以分离,心灵和精神是非物质的、不同于血肉之躯这样的观点，在宗教人士中非常普遍。许多信徒希望心灵或灵魂在肉体死后仍能继续存在下去。

不过，单单凭借"我思故我在"并不足以驳倒怀疑论，笛卡尔需要进一步的确定性来避免在哲学沉思中陷入怀疑论的旋涡。他认为一定存在着一个善良的上帝，他采用类似安瑟伦的"本体论论证"（见第八章），向自己证明上帝的存在：上帝必须存在，而且一定是善良的，不然就不会是完美的，就如同一个三角形的内角加起来必须是180度，不然就不是一个三角形。他的另一个论点是"印记论证"（Trademark Argument）：我们知道上帝的存在，是因为他在我们的头脑中植入了这个想法，那么如果上帝不存在，我们的头脑中就不会有关于上帝的想法。一旦他确信上帝的存在，笛卡尔思想的建构就变得容易多了。一个善良的上帝不会在最基本的事情上欺骗人类，因此，笛卡尔认为世界或多或少就是我们所经历的样子。当我们有清晰明确的感知时，这些感知是可靠的。他的结论是：我们所处的世界是存在的，并且差不多就像看起来的那样，虽然我们有时候在感知事物方面会犯错误。然而，一些哲学家认为这是一厢情愿，笛卡尔思想实验中的魔鬼可以很容易地欺骗他，让他相信上帝存在，就像骗他自认为在写"2+3=5"一样。如果不能确信存在一个善良的上帝，笛卡尔的理论就只能停留在明白自己是一个有思想的存在这一层次上。笛卡尔相信自己指出了一条摆脱完全怀疑论的道路，但是他的批评者却对此持怀疑态度。

综上所述，对于上帝是否存在，笛卡尔采用"本体论论证"和"印记论证"给出了自认为满意的答案，对于同样的问题，他的法国同胞布莱瑟·帕斯卡（Blaise Pascal）却有着非常不同的看法。

第十二章

请你下注

布莱瑟·帕斯卡

你如果抛起一个硬币，它落下时可能会正面或反面朝上，除非硬币本身有偏向，否则两种情况各有一半机会。所以，押哪面朝上并不重要，因为每次抛硬币时，正面或反面朝上的概率是一样的。如果你不确定上帝是否存在，应该怎么做？抛硬币吗？你愿意赌上帝不存在，然后随心所欲地生活吗？还是说采用更理智的办法，假设上帝存在，即使这个概率很小？布莱瑟·帕斯卡（1623—1662）本人相信上帝存在，但他知道许多人对此还不确定，于是对这个问题进行了深入的思考。

帕斯卡是一个虔诚的天主教徒，但和今天的许多基督徒不同，他对人性的看法极其悲观。他相信人性的缺陷是与生俱来的，是亚当和夏娃背叛上帝的信任、偷吃了智慧树上的苹果而被赶出伊甸园的结果，环顾四周，到处都能看到人性缺陷的证据。跟奥古斯丁（见第六章）一样，他认为人类受性欲驱使，不可靠，而且容易厌倦。每个人都不快乐，在焦虑和绝望中挣扎。我们应该意识到自己是多么微不足道。我们在地球上存在的时间很短，与生命前后的永恒相比几乎毫无意义。每一个人都只在浩瀚宇宙中占据着一个微小的空间，然而，如果时刻不忘上帝，我们还是有一些潜力可以发挥。我们处于野兽和天使之间，但可能在绝大部分时候与野兽更接近。

帕斯卡最著名的一本书《思想录》（*Pensées*）是他的写作片段的合集。这本书1670年出版，当时他已经去世多年，年仅39岁。该书由一系列精美隽永的短小段落组成，没有人知道他打算如何将各部分合并起来。但书的主旨非常明确：为他所属基督教派别的教义进行辩护。帕斯卡去世时此书尚未完成，但是他把写有文字的纸片分别捆绑成不同的纸束，后人就据此把他的文字分成了不同的章节。

帕斯卡从小体弱多病，一辈子身体都没有好过。肖像画中的他看上去病恹恹的，肿胀的眼睛悲伤地凝视着你。但是，他在短暂的人生中取得了巨大的成就，在父亲的鼓励下年纪轻轻就成为一名科学家，致力于研究真空和设计气压计。1642年，他发明了一种机械式计算机器，可以用一支笔样的工具转动连在复杂齿轮上的转盘进行加减运算。他制作这台计算机器的初衷是为了帮助做生意的父亲进行经常性的计算工作。这个鞋盒大小的计算机器被称为"帕斯卡林"(Pascaline），虽然有点笨重，但是很管用，主要的问题是生产成本非常高昂。

帕斯卡还是一名出色的数学家，他最具原创性的数学思想是有关概率的，但是后人大都把他看作为一名宗教哲学家和作家。这并不等于他自己希望被人称为哲学家，他的作品中有很多评论都称哲学家知识浅薄，认为他们的观点并不重要。他认为自己是一名神学家。

帕斯卡加入了一个颇有争议的宗教派别詹森主义教派（Jansenism[1]），年纪轻轻便从数学和科学方面的工作转向宗教写作。詹森主义者（Jansenist）相信宿命论，认为人们没有自由意志，只有少数人得到上帝预先选择而进入天堂。他们的生活方式非常严苛，有一次帕斯卡看到姐姐搂着自己的孩子就因此责备她，原因是他不赞成表露情绪。他人生的最后几年过着僧侣般的生活，尽管饱受病痛折磨，仍然坚持写作，直到去世。

勒内·笛卡尔（第十一章的主角）和帕斯卡一样是一名虔诚的基督徒，同时也是科学家和数学家，他相信可以用逻辑证明上帝的存在。帕斯卡却不这么认为，在他看来，对上帝的信仰源自内心和虔诚。他不相信哲学家为了证明上帝存

---

[1] 也译为"杨森主义"、"詹辛主义"、"冉森主义"。——译注

在而常常使用的各种推理,例如,他不相信可以在自然界中看到上帝之手的证据。在他看来,是心灵而非大脑,引导我们走向上帝。

尽管如此,他在《思想录》中还是提出了一个巧妙的观点,用来说服那些不确定上帝是否存在的人信仰上帝,这个观点后来被称为"帕斯卡的赌注"(Pascal's Wager),是基于他对概率的认识。如果你是一个理性的赌徒而非滥赌之人,你既会盼望有最好的机会赢得大奖,也会希望尽可能减少损失。赌徒会计算获胜赔率,再据此下注。那么,当你需要赌上帝是否存在时,该怎么办呢?

假设你不确定上帝是否存在,那么在如何度过人生方面,有几种选择。你可以选择相信上帝根本不存在,那么在度过人生时,不需要对来世抱有任何幻想,不必苦恼是否因为罪孽深重而不能进入天堂这样的问题,也不必浪费时间去教堂向一个不存在的东西祈祷。但是,这种选择虽然明显有一些好处,却存在巨大风险。假设说你不相信上帝,但上帝确实存在,你不仅可能失去进入天堂享受幸福的机会,而且可能被投入地狱,永世遭受酷刑折磨。对任何人来说,这都是最糟糕的结果。

或者,帕斯卡建议,你可以选择假设上帝存在,并以此指导人生,做祷告、去教堂、读《圣经》。如果事实证明上帝确实存在,你就赢得了最好的奖赏:获得永恒幸福的机会。如果你选择相信上帝,但事实证明你错了,你也没有付出实质性的牺牲（而且在你死后，你大概也不可能发现你错了，没有机会为浪费的时间和努力感到难过）。正如帕斯卡所说："如果你赢了，你就赢得了一切；如果你输了，你什么也没有失去。"他意识到你可能会错过"那些毒害人的乐趣"：荣耀和奢侈，但是你会因此而忠诚、诚实、谦逊、心怀感激、慷慨，并成为一个好的朋友，不说假话。然而，并不是每个人都这么看问题，帕斯卡可能是太沉浸在宗教生活方式中，意识不到对于许多没有宗教信仰的人来说，把他们的人生奉献给宗教，生活在幻想中，本就是一种牺牲。然而，正如帕斯卡指出的那样，一方面，如果你是对的，你就有机会获得永恒的幸福；另一方面，如果你是错的，你会有一些不太大的不便，以及一些身后才能被证明不存在的幻想。可是，如果你不相信上帝，过着率性的人生，你就有下地狱的危险，你在这辈子中可能得到的短暂愉悦将远远比不上天堂中的永恒幸福。

对于上帝是否存在这个问题，你不能选择保持中立。在帕斯卡看来，试图保持中立，结果等于是相信上帝不存在：你有可能会下地狱，或者至少无法进入天堂。无论如何，你必须做出决定。可是你真的不知道上帝是否存在，该怎么做呢？

帕斯卡认为答案是显而易见的，如果你是一个理性的赌徒，用冷静的眼光看待概率，就一定会押注上帝存在，即使猜对的概率和猜硬币正反面的概率一样。如此下注，潜在的收益是无限的,潜在的损失则不大。他认为理性的人绝不会作出其他选择,当然,这么做也有一定风险,因为有可能证明上帝并不存在,但这是你应该承担的风险。

可是,如果你认同其中的逻辑,但仍然无法从心中相信上帝的存在,那应该怎么办?要说服自己相信自己怀疑的东西是非常困难的,对一些人来说也许是不可能的。举例来说,你的衣柜里是否有精灵?你也许能够想象如果有精灵的话,衣柜里会是什么样子,但这和真的相信衣柜里有精灵是完全不同的两回事。我们相信什么,必须是真的相信,这是信仰的本质。那些对上帝的存在抱怀疑态度的人,怎么会对上帝有信心呢?

对这个疑问,帕斯卡也有答案:一旦明白了相信上帝对你最有利,你需要找到一种方法来说服自己上帝确实存在并且信仰上帝。你该做的,是模仿那些已经相信上帝的人。经常去教堂,跟着他们在教堂做事、蘸圣水、参加弥撒,等等。很快你就不再是模仿他们的行为,而是真正拥有他们的信仰和感受。这是你获得永生和避免永恒折磨的最好机会。

不是每个人都觉得帕斯卡的论证有说服力。最明显的问题之一是,如果上帝存在,他可能不会喜欢那些把相信他的存在当作最安全赌注的人。如果信仰上帝需要理由,这个理由似乎并不正确。这个理由太自私,完全是因为想要不惜一切代价保护自己的灵魂。所以也许存在这么一个风险:上帝会保证这些使用赌徒逻辑才相信他的人永远进不了天堂。

帕斯卡的赌注还有另一个严重的问题,那就是没有考虑到这样一种可能性:按照同样的逻辑推理,你可能因此选择了一个错误的宗教或一个错误的上帝。帕斯卡提出的选择,是在信仰基督教上帝和相信没有上帝之间,但是还有许多其他的宗教也向信徒承诺永恒的幸福。如果这些宗教中有一个被证明是正确的,那么按照帕斯卡的赌注逻辑,选择信奉基督教的人可能会失去在天堂享受无限幸福的机会,这和拒绝相信上帝的人所得到的结果一样。如果帕斯卡考虑到了这种可能性,他可能会对人性感到更加悲观。

帕斯卡相信《圣经》中描述的上帝,巴鲁赫·斯宾诺莎(Baruch Spinoza)对神却有着截然不同的看法,因此有些人怀疑他是披着伪装的无神论者。

第十三章

磨镜人
巴鲁赫·斯宾诺莎

大多数宗教都说上帝存在于世界之外的某个地方，也许在天堂。巴鲁赫·斯宾诺莎（1632—1677）的看法十分不同寻常，他认为上帝就是世界。他用"上帝即自然"（God or Nature）这一说法来阐明这一观点，意思是上帝和自然是描述同一事物的两种方式。上帝是自然，自然即上帝。这是泛神论（pantheism）的一种形式，即相信上帝包含一切。这在当时是一种激进的观点，给他带来了不少麻烦。

斯宾诺莎出生在阿姆斯特丹（Amsterdam），是葡萄牙犹太人的后裔。当时有许多受迫害的人逃亡到阿姆斯特丹，但即使在那里，表达观点的自由也是受到限制的。斯宾诺莎生长在一个信仰犹太教的家庭，但在1656年他24岁的时候，却得罪了拉比，遭到诅咒并被驱逐出教，也许是因为他对上帝的看法太过异端。他离开了阿姆斯特丹，后来在海牙（Hague）定居。从那时起，他的名字就改成了贝内迪克特·德·斯宾诺莎（Benedict de Spinoza），而不是原本的犹太名字巴鲁赫·斯宾诺莎。

许多哲学家都十分欣赏几何学。古希腊数学家欧几里得（Euclid）的好几个著名几何证明都是从简单的公理或假设开始，得出诸如三角形内角之和等于两个直角之和这样的结论。哲学家热衷于几何学，是因为几何学能够以一些共同接受的说法为起点，通过精密的逻辑论证，得出令人惊讶的结论。在这一过程中，如果作为起点的公理是正确的，那么结论必然也是正确的。这样的几何推理启发了勒内·笛卡尔和托马斯·霍布斯等人。

斯宾诺莎不仅欣赏几何学，他甚至把哲学当作几何学来写作。在他的《伦理学》（Ethics）一书中，哲学上的"证明"看起来就像是几何学上的证明，包括公理和定义等。他认为哲学和几何学一样有着严格的逻辑。虽然这本书并没有涉及诸如三角形的角度和圆的周长之类的话题，而是谈论上帝、自然、自由和情感，但是斯宾诺莎认为，可以对这些主题进行分析和推理，就像我们可以推导三角形、圆形和正方形一样。他甚至在每一节的结尾都写上QED，即拉丁短语 *quod erat demonstrandum*，意思是证明完毕或"证毕"，通常出现在几何教科书中。他相信,世界以及我们在其中的位置都有一种暗藏的结构逻辑,通过推理可以发现这种逻辑。没有什么事情是偶然发生的,每件事情都有存在的目的和运行的规则。世上所有一切都在一个巨大的系统中相互结合,理解这一点的最佳方式是运用思考的力量。这种强调理性而非实验和观察的哲学方法通常被称为理性主义(Rationalism)。

斯宾诺莎喜欢独处,离群索居让他有充分的时间和平静的心情来进行研究。考虑到他对上帝的看法,不参加公共机构可能对他本人而言也是更为安全的选择。由于他有关于上帝的观点,其最著名的作品《伦理学》直到他死后才出版。虽然他在世时已经因为理念独特而声名远播,但是还是拒绝了海德堡大学(Heidelberg University)的任教邀请。尽管如此,他却很乐意与前来拜访他的思想家讨论自己的想法。哲学家和数学家戈特弗里德·莱布尼茨(Gottfried Leibniz)就是其中之一。

斯宾诺莎生活非常简朴,一直住在寄宿处,没有自己的房产。他不需要很多钱,靠着替人磨制镜片的收入,再加上欣赏他哲学作品的人付给他的一些小小报酬,就可以生活下去。他制作的镜片用于科学仪器,如望远镜和显微镜。这些收入让他能够保持独立,在寄宿处从事研究。不幸的是,这也可能导致了他因肺部感染在44岁时早逝。他很可能因为吸入了研磨镜片时产生的玻璃粉尘而造成了肺部损伤。

第十三章 磨镜人

斯宾诺莎认为，如果上帝是无限的，那么必然可以推出的结论是不可能存在任何不是上帝的东西。如果你在宇宙中发现了一些不是上帝的东西，那么上帝就不可能是无限的，因为从原则上说，上帝可以既是这件你刚发现的东西，也同时是其他的一切。我们都是上帝的一部分，石头、蚂蚁、草叶和窗户也是，一切都是。这些组成了一个极其复杂的整体，最终所有存在的东西都是这个整体，即上帝的一部分。

传统宗教传播的理念是上帝爱人，会回应每个人的祈祷。这是拟人论（anthropomorphism）的一种形式，将人类的品质，如同情心等，投射到非人类的上帝身上。其中最极端的形式是想象上帝是一个慈祥的人，长着大胡子，笑容温和。斯宾诺莎心目中的上帝可完全不是这样的：他，或者更准确地说是"它"，完全没有人情味，并不关心任何事或任何人。按照斯宾诺莎的说法，你可以而且应该爱上帝，但是不要期待任何来自上帝的爱作为回报，就像一个自然爱好者不会期待自然也爱他一样。正因为在他的描述中，上帝对人类及其所作所为完全漠不关心，许多人认为，斯宾诺莎其实根本不相信上帝，只是拿泛神论作为幌子。他们认为他根本是一个反宗教的无神论者，一个认为上帝不关心人类的人，怎么可能不是无神论者呢？然而，从斯宾诺莎的角度来看，他对上帝的爱是理性的，建立在通过推理实现深刻理解的基础之上。但这不是传统的宗教理念，犹太教会把他驱逐出去也许是有道理的。

斯宾诺莎关于自由意志的观点也颇具有争议。他是一个决定论者（determinist），也就是说，他认为人类的任何行为都是之前某种原因的结果。一块扔向空中的石头，如果能变得像人一样有意识，就会想象它是凭自己的意志力在空中飞行，虽然实际情况并非如此。真正推动石头向前运动的是投掷的力量和地心引力，但是石头只会感觉到是它自己而非地心引力控制着它的去向。人类也是一样，我们认为自己可以自由选择所做的事情，并且可以控制自己的生活，但那其实是因为我们通常不了解自己的选择和行动是如何发生的。实际上，自由意志只是一种幻觉，根本就没有自发的自由行动。

尽管斯宾诺莎是一个决定论者，但他相信某些方面的自由是可能的，也是可取的，尽管这些自由非常有限。他认为最糟糕的生活方式是他称之为"奴役"（bondage）的生活方式：行动完全受情绪支配。当一些不好的事情发生时，比如有人对你态度粗鲁，如果你因此生气、充满愤恨，这就是一种非常被动的生存方式。你只是对事件做出反应，外部的事情引起了你的愤怒，你完全不能控制自己。要摆脱这种情绪，需要更好地理解影响行为的原因，也就是导致你生气的原因。在斯宾诺莎看来，我们能做到的，是让自己的情绪出于自身的选择，而不是来自外部事件。尽管这些选择永远不可能完全自由，但是积极好过消极。

斯宾诺莎是一个非常典型的哲学家。他不介意引起争议，提出并非每个人都愿意听取的观点，并用论据为自己的观点辩护。他的作品一直以来都在不断影响着读者，即使其中一些人强烈反对他的观点。他的"上帝即自然"的理念在当时并没有流行起来，但是在他去世后，出现了一些非常有名的崇拜者，包括维多利亚时代的小说家乔治·艾略特（George Eliot[1]），她把《伦理学》翻译成了英语。另外还有 20 世纪著名物理学家阿尔伯特·爱因斯坦（Albert Einstein），虽然他无法说服自己相信一个人格化的上帝，但是在一封信中，他透露自己相信斯宾诺莎所描述的上帝。

正如我们所看到的，斯宾诺莎的上帝是非人格化的，没有人类的特征，所以不会惩罚任何人的罪恶。与斯宾诺莎同年出生的约翰·洛克（John Locke）对此却有着截然不同的看法，他对自我本质的讨论，部分是出于对审判日（Day of Judgment）的担忧。

---

[1] 原名玛丽·安·埃文斯（Mary Ann Evans），英国维多利亚时期著名女性作家，乔治·艾略特这个男性化的名字是她的笔名。——译注

第十四章

王子与鞋匠

约翰·洛克和托马斯·里德

你小时候长什么样子？如果你有当时拍的照片，看一下，里面的小孩真的是你自己吗？你现在看起来很可能大不一样。你还记得小时候的感觉吗？我们大多数人都不记得了。我们都会随着时间而改变，成长、发育、成熟、衰老、忘事。大多数人皱纹会越来越多，最终头发会变白或脱落。我们会改变自己的观点、朋友、着装品位、优先事项。那么，在什么意义上，我们可以说变老了的你和照片中的小孩是同一个人？是什么让一个人在不同的时间点上还是同一个人？这个问题一直困扰着英国哲学家约翰·洛克（1632—1704）。

跟许多哲学家一样，洛克兴趣广泛。他对两位朋友罗伯特·波义耳（Robert Boyle）和艾萨克·牛顿（Isaac Newton）的科学发现感到非常兴奋，他参与政治活动，也写过关于教育的文章。在英国内战(English Civil War)之后，他因被指控密谋刺杀刚刚复辟的国王查理二世（Charles II）而逃往荷兰。在那里，他倡导宗教宽容，认为通过施加酷刑迫使人们改变宗教信仰是荒唐的。他的一些理念，如我们享有上帝赋予的生命、自由、幸福、拥有财产的权利，对制定美国宪法的开国先驱产生了很大的影响。

我们没有洛克婴儿时期的照片或画像，但是可以推测，随着年龄的增长，他也改变了很多。中年时，他面容憔悴，长发凌乱，神情凝重，但当他还是婴儿时，一定不是这个样子。洛克认为，新生儿的头脑就像一块白板，出生的时候什么都不知道，所有的知识都来自人生经历。当小洛克长大成为年轻哲学家时，他了解到各种各样的信仰，成长为我们现在所知道的约翰·洛克。但是在什么意义上，这个洛克和婴儿期的洛克，中年洛克和年轻洛克是同一个人呢？

当人类思考自己与过去的关系时都会想到这样的问题，但其实并不仅限于此，洛克指出，甚至当我们想到袜子时，这样的问题也可能会冒出来。如果你有一只袜子，上面有一个洞，你把洞补起来继续穿，出现另一个洞时再补起来，如此下去，最终袜子完全是由不同时候打的补丁组成，最早那只袜子的材料已经没有了，那么这还是同一只袜子吗？从某种意义上来说是的，因为从最初的那只袜子到完全由补丁拼凑起来的那只袜子之间,不同的部分在不同阶段是有连续性的。但从另一个角度来说,又不是同一只袜子,因为原来那只袜子的材料都不在了。或者你想象一棵橡树,它是从一颗橡果长出来的,每年都会掉光叶子,越长越大,树枝也可能掉落,但是仍然是同一棵橡树。那么,橡果和橡树苗是一样的吗?橡树苗和大橡树又是不是同一株植物?

回答这个问题的一个方法是:指出我们是有生命的东西,随着时间推移,我们在不同的阶段都是同一个人,从婴儿到现在,是同一个生物。洛克使用"人体"(man)这个词(意为"男人或女人")来指代"作为动物的人"(human animal)。他认为在这个意义上,我们每个人在一生中一直都是同一个"人体",不断成长变化。但是"同一个人体"和"同一个人"(person),在洛克看来是两个完全不同的概念。

按照洛克的说法,我可以是同一个人体,但不是过去那个人。这怎么理解呢?洛克对此的解释是,让我们在时间推移的过程中保持为同一个人的,是我们的意识、对自我的认知,你不记得的东西,就不是你作为人的一部分。为了说明这一点,他让大家想象一下,一个王子带着鞋匠的记忆醒来,同时一个鞋匠带着王子的记忆醒来。醒来时王子像往常一样睡在寝宫中,在外人看来,他还是入睡时的那个王子。但是因为他现在所带的是鞋匠的记忆而不是自己的,他觉得自己是鞋匠。洛克的观点是,王子认为自己是鞋匠,这是对的,因为在身份同一性（personal identity[1]）上起决定作用的不是身体的连续性，而是心理连续性。如果你有王子的记忆，你就是王子；如果你有鞋匠的记忆，你就是鞋匠，即使你拥有的是王子的身体。如果鞋匠犯了罪，那么我们应该追究那个拥有王子身体的鞋匠的责任。

当然，在一般情况下，记忆不会出现这样对调，洛克只是用这个思想实验来阐明他的观点。但确实有人声称，同一个身体里可能存在不止一个人。这种情况被称为多重人格障碍（multiple personality disorder），在这种情况下，一个人似乎拥有不同的人格。洛克预见到了这种可能性，并想象在一个身体里有两个完全独立的人：一个在白天出现，另一个在晚上出现。按照洛克的理论，如果这两个人互不相通，那么他们就是两个人。

在洛克看来，身份同一性与道德责任密切相关。他相信上帝只会惩罚那些记得自己犯下罪行的人，不再记得做过坏事的人与那个犯下罪行的不是同一个人。当然，在日常生活中，人们会撒谎，假装不记得自己做过的事情。因此，如果有人声称已经忘记了自己的所作所为，法官是不会轻易放过他们的。但是因为上帝是全知的，他知道谁应该受到惩罚，谁不应该。用洛克的理论进行推理的一个结果是，如果纳粹猎人追踪到一位年轻时曾在集中营当过警卫的老人，那么这

---

1 也译为"人格同一性"。——译注

个老人只应对他能记得的事情负责，而不应对其他罪行负责。上帝不会惩罚他已经忘记的行为，当然普通法庭不会给他同样的待遇。

洛克对身份同一性的分析也回答了一个困扰他同时代人的问题：人是否必须通过同一个身体的复活才能进入天堂？如果是这样，假设你的身体被食人族或野生动物吃了，会出现什么情况？你如何才能让死亡后身体的每个部分重新组合起来，然后复活？如果食人者吃了你，那么你身体的一部分就成了他或她身体的一部分。食人者和他或她腹中的一餐（也就是你）怎么能都得以复活呢？洛克明确表示，重要的是，在死后的世界中，你还是同一个人，而不是同一个身体。在他看来，如果你有相同的记忆，即使这些记忆附着在不同的身体上，你还是同一个人。

从洛克的理论进行推演可以得出的一个结论是：你可能不是照片中的婴儿。你是同一个人体，但是除非你有婴儿时的记忆，否则你不可能是同一个人。你的个人身份只能追溯到你记得的那一刻。同时，随着年龄的增长，你的记忆力也会减退，作为一个人你也在缩减。

一些哲学家认为，洛克过于强调把自我意识记忆作为身份同一性的基础，在这一点上太过极端。18世纪的苏格兰哲学家托马斯·里德（Thomas Reid）提出了一个例子，揭示了洛克对作为一个人的意义的思考是有缺陷的。一个老兵可能记得他年轻时在战斗中的勇敢行为，而当他还是一个年轻士兵时，他记得小时候从果园偷苹果被打的经历。但是在晚年，他已不再记得童年发生的这件事。这种记忆上的重叠，难道不意味着老兵和那个男孩是同一个人吗？托马斯·里德认为，很明显，老兵和小男孩还是同一个人。

但根据洛克的理论，老兵和年轻的士兵是同一个人，但和那个被打的小孩不是同一个人，因为老兵已经忘记了这件事。然而，同样根据洛克的理论，这个年轻的士兵和小孩是同一个人，因为他记得小时候在果园里的不当行为。这就会产生一个荒谬的结论：老兵和年轻的士兵是同一个人，同时年轻的士兵和小孩是同一个人，但老兵和小孩不是同一个人。这在逻辑上是讲不通的，就像在说 a = b，同时 b = c，但 a 并不等于 c。身份同一性似乎依赖于重叠的记忆，而不是洛克所认为的完全回忆。

洛克作为一个哲学家的影响力远不止于他对身份同一性的探讨。在其伟大著作《人类理解论》（*An Essay Concerning Human Understanding*，1690）中，他提出了这样的观点：我们的思想向我们展现了世界，但世界看上去的样子，却只在某些方面符合其真实的情况。这激发了乔治·贝克莱（George Berkeley）对现实的诠释，其观点非常有想象力。

第十五章

房间里的大象

乔治·贝克莱（和约翰·洛克）

你有没有想过，冰箱门关上后，里面的灯真的关了吗？你怎么知道呢？也许你可以装一个遥控摄像头，但是摄像头关掉后又会发生什么事情呢？森林里一棵巨树倒下了，如果没有目击者，怎么才能知道它倒下时真的发出了轰然之声呢？你怎么知道你的卧室在四下无人之时，会不会突然消失呢？也许每次你离开卧室，关上房门之后它就立刻消失不见了。你可以让人帮你看一下，问题是当没有人盯着它的时候，它还在那儿吗？这样的问题实在没法回答，我们大多数人都相信，物体在无人观察时仍然存在，因为这种解释最简单。大多数人也相信我们所能看到的周围世界确实存在，而不只是我们的想象。

然而根据乔治·贝克莱（1685—1753）的说法，任何事物如果没有被观察，就不存在。贝克莱是一位爱尔兰哲学家，后来成为克洛因主教（Bishop of Cloyne）。他认为，如果不是因为正在阅读，那么你看的书就不存在。当你看书的时候，眼光可以看到，手指可以触摸到，但是对于贝克莱来说，这不过是你的体验，并不代表确实有真实存在的书让你获得了这些体验。这本书只是你和别人头脑中（也许是上帝头脑中）的一些想法的集合，而不是存在于你头脑之外的东西。在贝克莱看来，"外部世界"这个概念完全没有意义。他的这套说法似乎与常理完全相悖。常理难道不应该是我们周围物体存在与否，与是否有人意识到它们的存在毫无关系吗？贝克莱不这么认为。

不难想象，当他第一次提出这个理论的时候，很多人觉得他在发神经。事实上，直到他死后，哲学家们才开始认真对待他的观点，并认识到他想要表达的理念。与贝克莱同时代的塞缪尔·约翰逊（Samuel Johnson）第一次听到他的这个理论时，在街上狠狠地踢了一块石头，然后宣布："这就是我的反驳。"约翰逊的观点是，物体真实存在，而不仅仅是思想的构建，他踢那块石头时能感觉到石头狠狠磕了他的脚趾，所以贝克莱一定是错的。但是贝克莱的理论并不是约翰逊想象的那么简单：脚感受到石头的坚硬并不能证明石头的存在，只能证明在我们头脑中，有坚硬石头这一概念。在贝克莱看来，我们称之为石头的东西，不过是它引起的感觉，并不存在真正的石头让我们脚趾疼痛。事实上，在我们的想象空间之外，根本就没有什么真实存在的现实。

贝克莱有时被称为观念论者（idealist[1]），因为他相信存在的只有"观念"（idea）；有时又被称为非物质主义者（immaterialist），因为他否认物质，即物体的存在。跟本书中提到的许多哲学家一样，他着迷于研究表相和实质之间的关系。他认为，大多数哲学家对这种关系的认识是错误的，约翰·洛克有关思想如何与世界相连的观点尤其错误。理解贝克莱的观念最简单的办法，是将其与洛克的理念进行比较。

洛克认为，当你看到一头大象时，你看到的不是大象本身。你所认为的大象，实际上是一种表现，他称之为头脑中的"观念"，就如同画着大象的一幅画一样。洛克使用"观念"这个词来涵盖我们可能想到或感知到的任何东西。如果你看到一头灰象，灰色不是大象身上带有的某种东西，因为在不同的光线下会呈现出不同的颜色。灰色就是被洛克称为"次性"（secondary quality）的东西，结合了大象的某些特征和我们的某些感觉能力而产生，在这个例子中涉及的是我们的视觉。大象的颜色、皮肤质地和粪便的气味等都属于次性。

根据洛克的说法，"初性"（primary quality），例如大小

---

[1] 也译为"唯心主义者"。——译注

和形状，是事物的真实属性。对初性的观念与初性一致，也就是说，如果你看到一个正方形的物体，那么在你的观念中，该物体的形状也是正方形的。但是如果你看到一个红色方块，那个让你觉得看到了红色方块的真实物体并不是红色的，而是没有颜色的。洛克认为，真实物件的细微结构和我们的视觉系统发生的相互作用，让你产生了该物件是红色的感觉。

然而，这套解释存在一个严重的问题：洛克相信存在着一个真实的世界，一个科学家们试图描述的世界，但是我们只能间接感知到这个世界。洛克是一个实在论者（realist），因为他相信真实世界的存在，也就是说即使没有人意识到它，这个真实的世界仍然存在。洛克面临的难题是怎么才能知道这个真实的世界是什么样的，他认为对于形状和大小等初性，我们的认知很接近真实，但是他怎么可能知道这一点呢？作为一个经验主义者（empiricist），他相信经验是所有知识的来源，那么他应该能拿出很好的证据来证明我们对初性的观念与初性一致。但是他的理论并没有解释怎么可能知道真实世界是什么样的，因为人类没有能力核实这一点。他怎么能够如此肯定有关形状、大小等初性的观念，与真实世界物件的初性是一致的呢？

贝克莱声称自己的理论就没有这样的矛盾。与洛克不同，他认为我们确实、直接地感知世界，因为这个世界中只存在观念，别无其他。换句话说，这个世界本身，其中的一切事物，都只存在于人们的头脑中。

在贝克莱看来,你所经历和思考的一切:椅子、桌子、数字"3",等等,都只存在于你的头脑中。你感觉到的物体,不过是你和其他人对这样一个物体的观念的集合。除此之外,这个物体并不存在。所以如果没有人看到或听到这个物体,它就消失了,因为任何物体都不会是超越人们(和上帝)对它的观念而存在的东西。贝克莱用了一句拉丁语来总结这个奇怪的观点:存在即被感知(*Esse est percipi*)。

所以从贝克莱的非物质论(immaterialism)出发,得出的结论似乎应该是:如果没有头脑在感知,那么冰箱灯就不会亮,倒下的树也不会发出任何声音。但是贝克莱并不认为物体在不断消失、再现,就连他也承认那样会很奇怪。他相信,上帝保证我们思想的连续性,上帝不断感知世界上的事物,所以这些事物一直都存在。

这种看法体现在 20 世纪早期的两首打油诗中。第一首表达了一个奇怪的观点,即如果没有人在观察一棵树,树就不再存在:

> 有人曾经说:
> "上帝一定会很奇怪
> 　如果他发现这棵树
> 　还在这儿
> 即使草坪上一个人也没有。"

第十五章　房间里的大象

这里的草坪（Quad）指的是牛津大学各书院庭院内的方形草坪。这首诗说得没错，贝克莱的理论中最难让人接受的一点就是如果没有人在感知一棵树，那么这棵树就消失了。解决办法如下，这是来自上帝的声音：

> 亲爱的先生，你的说法才真是奇怪：
> 我永远都在草坪上
> 　所以这棵树
> 　一直都在
> 因为我，上帝，在感知它。

然而，贝克莱的理论面临着一个明显的难题：如何解释我们可能会犯错。如果我们只是有一些观念，在这些观念背后并没有其他东西，那么我们如何区分真实和错觉呢？他的回答是：对"现实"的体验和幻觉之间的区别在于，当体验"现实"时，我们的观念不会相互矛盾。例如，一支桨半插在水中，桨与水面交界处看起来是弯的。对于洛克这样的实证论者来说，桨实际上是直的，只是看起来是弯的。但在贝克莱看来，我们会产生"桨是弯的"这样的观念，但是当伸手到水里触摸桨时，会产生"桨是直的"这样的观念，这就产生了矛盾。

贝克莱并没有把所有精力都用在为自己的非物质论辩护上面。他的人生非常丰富，善于交际、惹人喜欢。他朋友众多，包括《格列佛游记》(*Gulliver's Travels*)的作者乔纳森·斯威夫特(Jonathan Swift)。他后来还酝酿了一个雄心勃勃的计划，要在百慕大岛(Bermuda)上建立一所大学，并设法筹集了相当多的资金。很不幸这个计划失败了，其中一个原因是他没有意识到百慕大离美洲大陆距离那么远，输送补给多么困难。不过，在贝克莱去世后，他的名字被用来命名位于美国西海岸加利福尼亚州的一所大学[1]，因为他曾写过一首关于美国的诗，其中"帝国的轨迹向西"这句吸引了这所大学的创始人之一。

比非物质论更奇怪的，是贝克莱晚年推广松焦油水(pine tar water)的热情，他甚至写了一首长诗来描述它的神奇。这种由松焦油和水制成的液体，曾在美国民间流行，被看作是包治百病的药物。松焦油水有轻微的杀菌作用，也许真的能治疗一些小病，但现在已不再流行，而贝克莱的观念论也没有流行起来。

贝克莱是一类哲学家的典型：他们愿意坚持自己的推理，无论会产生何种结论，甚至是有违常理的结论。与此形成鲜明对比的是伏尔泰(Voltaire)，他完全不理会这类哲学家，事实上，他对大多数哲学家都不感兴趣。

---

1 即今天的加州大学伯克利分校。出于历史原因，Berkeley 存在不同的中文音译。——译注

第十六章

所有可能世界中最好的一个？

伏尔泰和戈特弗里德·莱布尼茨

如果你是世界的设计师，你会把它设计成现在这个样子吗？也许不会。但在18世纪，有些人却认为他们所处的世界是所有可能中最好的一个。英国诗人亚历山大·蒲柏（Alexander Pope，1688—1744）曾宣称："存在即合理。"（Whatever is, is right.）世界上一切事物的存在，都有合理的原因。一切都由上帝创造，而上帝是全能至善的，所以即使有些事情看起来很糟糕——疾病、洪水、地震、森林火灾、干旱，等等——但实际并非如此，一切都只是上帝计划的一部分。我们的错误在于过分关注个别细节而忽略了整体，如果我们能够退后一步，从上帝视角观察宇宙，就能体会它的完美。每个部分都是巧妙地组合在一起的，所有看起来邪恶的事物，实际上只是大局中一个很小的部分。

蒲柏并非唯一如此乐观的人，德国哲学家戈特弗里德·威廉·莱布尼茨（Gottfried Wilhelm Leibniz，1646—1716）用"充足理由律"（Principle of Sufficient Reason）得出了同样的结论。他认为一切事情都有合乎逻辑的解释，既然上帝在每个方面都是完美的——这是上帝定义的一部分，那么上帝必定有充分的理由将宇宙精确地设计成现在的这个样子，没有任何一件事情是偶然发生的。上帝并没有创造一个各个方面都绝对完美的世界，如果那样的话，世界就变成了上帝，因为只有上帝才是完美的，也只有上帝才可能是完美的。但是上帝一定是在所有的可能中选择了最好的一个，一个邪恶程度最低的世界。没有其他更好的办法了：不存在另一种设计可以具备更少的恶、更多的善。

伏尔泰（1694—1778）可不这样认为，他对莱布尼茨证明一切都很好的所谓"证据"不以为然，而且对哲学体系和那些自认为无所不知的思想家抱有深深的怀疑。伏尔泰的真名为弗朗索瓦-马里耶·阿鲁埃（François-Marie Arouet），是法国著名剧作家、讽刺作家、小说家和思想家，机智勇敢，以直言不讳闻名于欧洲。所有伏尔泰塑像中最著名的一座当属让-安托万·乌东（Jean-Antoine Houdon）的作品，它成功地捕捉到伏尔泰嘴唇紧闭的微笑和笑纹。伏尔泰是一位颇具争议的人物，坚决捍卫言论自由和宗教宽容，据说下面这句名言就出自他的口中——"我痛恨你的说法，但誓死捍卫你说话的权利"，有力地辩护了即使是你鄙视的意见也有权让人听到这一观点。然而，在18世纪的欧洲，天主教会严格控制出版内容，伏尔泰的许多戏剧作品和书籍都遭到审查，有些还被公开焚烧，他甚至因为侮辱了一位有权势的贵族而被投入巴黎巴士底狱（Bastille）。但这一切都阻挡不了他向偏见和自命不凡提出挑战。今天，他最著名的小说是《老实人》（Candide，1759）。

在这部短篇哲学小说中，他不遗余力地批判了蒲柏和莱布尼茨对人类和宇宙的乐观，因为文字风趣幽默，出版后立刻成为畅销书。伏尔泰明智地在封面隐去自己的名字，不然会因为亵渎宗教而再次下狱。

小说主人公名叫赣第德（Candide），暗示他是一个天真纯洁的人[1]。在故事的开头，他是一个年轻的仆人，无可救药地爱上了主人的女儿居内贡（Cunégonde），有一次被抓到对小姐有不当举动，立刻被赶出了城堡。接下来的故事情节着实奇幻、节奏进展飞快，他与哲学导师邦格罗斯博士（Dr Pangloss）一起漫游，途经真实的和虚构的国家，直到最终再次见到失去的爱人居内贡，而此时的她却已又老又丑。在一系列喜剧片段中，赣第德和邦格罗斯目睹了许多可怕的事情，遇到了各种各样的人物，每个人都有过可怕的遭遇。

---

[1] Candide 有"天真"的意思。——译注

伏尔泰将莱布尼茨哲学夸张化、滑稽化，通过哲学导师邦格罗斯之口说出，然后加以嘲讽。无论发生什么——自然灾害、酷刑、战争、强奸、宗教迫害或是逼人为奴——邦格罗斯都相信这些事情进一步证实了他们生活在所有可能世界中最好的一个。每一次灾难不但不会让他反省，反而增强了他的信念，让他相信所有发生的一切都是为将来最好的结局所做的铺垫，实现一个最完美的世界。伏尔泰乐于展示邦格罗斯如何拒绝接受发生在他眼前的东西，并以此嘲笑莱布尼茨的乐观。但公平地说，莱布尼茨的观点并不是邪恶不会发生，而是邪恶的存在，是为了带来所有可能的世界中最好的一个。然而，这部小说暗示说：世界上的邪恶如此之多，竟然还是实现美好世界不得不付出的最低代价？世上的痛苦和折磨实在太多，莱布尼茨的说法不可能是对的。

1755年发生了里斯本（Lisbon）地震，这是18世纪最严重的自然灾害之一，造成6万至10万人死亡。这座位于葡萄牙的城市不仅被地震摧毁，随后还遭遇地震引起的海啸，接着是持续数日的大火。人类的苦难、生命的丧失动摇了伏尔泰对上帝的信仰，他无法理解这样一个可怕的事件怎么会是上帝宏大设计的一部分。苦难如此深重，完全无法理解。为什么一个至善的上帝会允许这种事情发生？他也不明白为什么里斯本会成为遭难的目标，而不是其他什么地方。

在《老实人》的一个关键章节中，伏尔泰用这个真实的悲剧来阐明他反对乐观主义者的理由。赣第德和邦格罗斯乘坐的船在里斯本附近遭遇风暴，除了他们两人之外，几乎所有人都遇难，船员中唯一幸存下来的是一名故意淹死朋友的水手。但是，尽管刚刚发生的这些事情明显有违公义，邦格罗斯仍然在用乐观主义哲学来过滤所有的悲剧。他们抵达里斯本的时候，这里刚被地震摧毁，生灵涂炭，而他依然荒谬地坚持发生的一切都属正常。在书中的其余部分，邦格罗斯的经历更为可怕：被绞杀、被活生生地解剖、被殴打、被逼像奴隶一样划桨，但他仍然坚信莱布尼茨哲学，相信一切事物都会达成预先设定的和谐，没有任何人生体验能改变这位顽固哲学老师的信仰。

和邦格罗斯不同，赣第德在目睹了许多事情后，逐渐改变了信仰。在旅程开始时，他和老师的观点一致，但在故事的结尾，人生的体验让他怀疑所有哲学理论，因此在面临人生难题时，他选择了更实际的办法。

赣第德和居内贡重逢了，他们和邦格罗斯还有书中其他几个人物一起生活在一个小农场里。其中一个叫马丁（Martin）的人建议道：为了让生活可以忍受，唯一的方法就是停止夸夸其谈，脚踏实地开始工作。这群人第一次开始协同合作，各施所长。此时邦格罗斯又开始争辩说：他们有今天这样一个美好的结局，说明过去发生的一切坏事都属于必要的邪恶。对此赣第德回答道："您说得都挺好，但是我们得去园子种地了。"这是故事的最后一句话，意在向读者传达一个强烈的信息。这句话既是这个长篇笑话的笑点，也点出了本书的寓意所在。表面上，在故事的层面，赣第德只是说他们需要接着去地里干活，让自己保持忙碌的状态。而在更深的层面上，去园子种地是用来比喻为人类做一些有用的事，而不是谈论抽象的哲学问题。书中的角色必须这么做才能成长和快乐。更进一步，伏尔泰在这里还发出了强烈的暗示：这不仅仅是赣第德和他的朋友应该做的，也是我们所有人都应该做的。

伏尔泰是一个与众不同的哲学家，因为他很有钱。年轻时，他曾是一个赌博集团的成员，他们发现了国家彩票系统中的漏洞，并因此购买了数千张中奖彩票。他拿到钱之后很明智地投资，变得更为富有，实现财务自由后，就有能力去支持他所信仰的事业。铲除社会不公是他的激情所在，给人留下深刻印象的一件事是他为让·卡拉斯（Jean Calas）所做的辩护，当时卡拉斯因涉嫌谋杀自己的儿子而遭受酷刑并被判死刑。他显然是无辜的，他儿子是自杀，但是法庭却对相关证据不予理会。在伏尔泰的努力下，原判被推翻，但这对让·卡拉斯来说太晚了，可怜的他一直到死都坚称自己是无辜的，但至少他所谓的"同伙"获得了无罪释放。这就是伏尔泰"去园子种地"所代表的事情。

《老实人》中的邦格罗斯宣称上帝选择了所有可能世界中最好的一个，伏尔泰对他提出的所谓"证据"大加嘲讽，你也许会因此觉得伏尔泰是个无神论者。事实上，尽管对有组织的宗教不屑一顾，他却是一个自然神论者（deist），相信在自然界中,可以找到证明上帝存在以及是上帝设计了世界的明显证据。他认为,仰望夜空就能证明创造者的存在。大卫·休谟(David Hume)对此表示非常怀疑,他对这种推理方式的批判,真可谓辛辣犀利。

第十七章
想象中的钟表匠

大卫·休谟

对着镜子仔细看一下自己的眼睛：晶状体用来聚焦图像，虹膜随光线强弱发生变化，还有起保护作用的眼睑和睫毛。眼睛看向一侧时，眼球会在眼窝内随着转动。眼睛还是一个非常漂亮的器官。这一切是如何形成的呢？眼睛的构造和功能令人惊叹，怎么可能是碰巧而成的？

想象一下，你在一个荒岛的丛林中挣扎前行，眼前出现了一片空地，空地中有一座宫殿的废墟。爬上废墟高处，你看到这里原来有墙壁、楼梯、小径和庭院。你知道这不可能是自然发生的，一定曾有人设计了这么一座建筑。如果你在户外散步时捡到一块手表，你完全有理由认定这是一件由某个钟表匠制作、有特定用途的工具：用来看时间。那些小齿轮不可能是随机从天上掉下来自己组装在一起，而是有人仔细思考设计的。所有这些例子似乎都指向同一个结论：如果一件东西看起来像是设计而成的，那么多半就是设计而成的。

那么，想想大自然：树木、花朵、哺乳动物、鸟类、爬行动物、昆虫，甚至变形虫，这些东西看起来也像是经过设计而成的。生物体比任何手表都要复杂得多。哺乳动物有复杂的神经系统，还有保证血液在体内循环的系统，它们的身体结构和行为习惯通常让其非常适合在栖息地生存。因此肯定是有一位无比强大、极其智慧的造物主（Creator）创造了它们。这位造物主，一位神圣的钟表匠（Divine Watchmaker）或神圣的建筑师（Divine Architect），就一定是上帝。这种想法在大卫·休谟生活的18世纪非常普遍，即使到了今天也仍然有人这么认为。

这种论证上帝存在的方式通常被称为"设计论证"（Design Argument）。在17、18世纪，许多科学新发现似乎都支持了这一观点：显微镜揭示了池塘中微小动物身体的复杂性，望远镜则显示太阳系和银河系的美丽和规律性，所有这些似乎都是精确组合在一起的。

苏格兰哲学家大卫·休谟（1711—1776）对此却不以为然。在洛克的影响下，他开始思考知识获得的方式以及理性学习的局限性，并以此来解释人类的本性和人类在宇宙中的位置。与洛克一样，他相信人们的知识来自观察和经验，对于设计论证这种通过观察世界的某种特征来论证上帝存在的观点，他表现出了很大的兴趣。

休谟认为设计论证的逻辑基础是错误的，在《人类理解研究》(*Enquiry Concerning Human Understanding*，1748)一书中，他用了整整一章来批评以设计论证来证明上帝存在的观点。在同一本书的另一章里，他指出相信目击证人对奇迹的描述是不合理的。这两章的内容极富争议，因为在当时的英国，公开反对宗教信仰是非常困难的。这意味着尽管休谟是那个时代最伟大的思想家之一，却从未在大学里找到过工作。他的朋友给他提出了很好的建议，让他在生前不要出版《自然宗教对话录》(*Dialogues Concerning Natural Religion*)。在这本书中，休谟对一些通常用来论证上帝存在的观点进行了最有力的抨击。直到他死后的1779年，此书才得以面世。

休谟认为设计论证不能证明上帝的存在，因为不能提供足够的证据来得出一个全能、全知、至善之物必须存在的结论。休谟的大部分哲学思考集中在人们能够提供什么样的证据来支持自己的信仰这一点上。设计论证是基于这样一个事实：世界看起来是经过设计而成的。但是，休谟认为，仅仅因为世界看起来像是设计而成的，并不意味着它真的是设计而成的，也不意味着上帝就是设计者。休谟是怎么得出这个结论的呢？

想象一下，在一块挡板后面有一台老式的、带有两个秤

第十七章 想象中的钟表匠

盘的秤，你只能看到其中的一个秤盘。如果看到一个秤盘升高，你知道另一个秤盘里的东西一定要重一些，仅此而已，你无法知道另一个秤盘里的东西是什么颜色、是立方体还是球形、上面写着什么字、是否覆盖着毛皮，也无法知道其他任何信息。

在这个例子中，我们考虑的是因果关系。对"是什么原因引起秤盘上升？"这个问题，回答只能是"因为另一个秤盘里的东西重一些"。你看到了结果，即秤盘上升，便试图找出原因。但是如果没有进一步的证据，你就没有别的什么可说，如果你一定要对另一个秤盘里是什么东西发表意见，那纯粹就是猜测。如果我们也看不到挡板的后面，也就无法判断你的说法是对是错。休谟认为，我们与周围世界的关系属于同样的情况。我们看到的是结果，原因可能很多，但是我们会试图找出最有可能的解释。眼睛、树、山……看起来都很可能是经过设计而成的，但是我们怎么知道它们的设计师是什么样的呢？比如眼睛，看起来它的设计师已经考虑过如何才能让其实现最好的功能，但这并不意味着创造眼睛的人就是上帝。为什么？

人们通常认为上帝拥有前面提到的三种特征：全能、全知、至善。通过观察眼睛，即使你能得出结论说眼睛的设计者一定能力极大，但却没有证据表明这位设计者是全能的。眼睛有一些瑕疵，也可能出现问题，例如许多人都需要戴眼镜。一个全能、全知、至善的上帝会把眼睛设计成这样吗？

也许会。但是通过观察眼睛并不能得到证据证明这一点，充其量只能说是某种高度智慧、能力强大、技巧娴熟的设计者创造的眼睛。

但是其实即使这个结论也不一定能够得出来，因为还有其他可能的解释。我们怎么知道眼睛不是由一群地位不那么高的神共同设计的呢？大多数复杂的机器都是由一组人安装起来的，为什么眼睛和其他自然界的物体，假设它们也是由部件组装起来的，就不是这样呢？大多数建筑物都是由一群建筑工人建造的，为什么眼睛就不同呢？也许眼睛是由一位已经去世的古老神灵制造的，也许制造者是一位年轻的神，还在学习如何设计完美的眼睛。我们没有证据来决定这些推测中哪些更为合理。不能仅仅通过观察眼睛，一个据一些人认为明显是设计出来的物体，就推出它是由某一个、仍然活着的、拥有传统意义上高超能力的上帝创造出来的。休谟认为，如果你开始清晰地思考这个问题，就会发现能够得出的结论其实非常有限。

休谟抨击的另一个论点是奇迹论证（Argument from Miracles[1]）。大多数宗教都声称有奇迹发生：死后复活、水上行走、病重意外康复、雕像说话或哭泣，林林总总，举不胜举。然而，是否仅仅因为别人告诉我们奇迹发生了，我们就应该相信呢？休谟对此深表怀疑，认为不能就这样相信。

---

1 也译为"神迹论"。——译注

如果有人告诉你一个病人奇迹般康复了，能说明什么呢？休谟认为，奇迹必须是有违自然法则的现象，也就是"没有人会死而复生""雕像永远不会说话""没有人能在水上行走"这样的法则。有大量的证据表明这些自然法则是成立的，但是如果有人目睹了有违自然法则的奇迹，我们为什么不相信他们呢？试想一下，如果你的朋友这时候跑进房间，告诉你她看见有人在水上行走，你会说什么？

休谟的观点是，对于这样的事情，总能找到更合理的解释。如果你的朋友告诉你她看见有人在水上行走，那么更有可能的是她在骗你，或者她自己弄错了，而不是她目睹了真正的奇迹。我们知道有些人渴望受到关注，不惜撒谎以达到目的。这是一种可能的解释，另一种解释是这个人弄错了。我们都可能看错或听错，可往往宁可相信看到了不同寻常的东西，也不愿意相信更明显的解释。即使在今天，如果在深夜听到奇怪的声音，许多人还是急于相信是因为超自然的力量，比如游荡的鬼魂，而不愿意相信更普通的原因，比如老鼠骚动或是刮风。

尽管休谟经常批评宗教信徒提出的观点，但他从未公开宣称自己是无神论者。也许他并不是无神论者，他公开的观点可以解读为宇宙万物背后都有一种神圣的智慧体，只是我们对这个神圣智慧体的特征永远不会了解太多。当严谨地按照逻辑进行推理时，我们的分析能力不足以让我们了解这个"上帝"所具备的品质。一些哲学家认为，休谟的这些论断表现了不可知论者的（agnostic）特点。然而，如果说休谟在人生的大部分时间里离成为无神论者尚有一步之遥，在其生命即将终结之际，他很可能成为一名真正的无神论者。1776年夏天，朋友们来爱丁堡看望垂危的休谟，他明确表示自己不会做临终入教这样的事。不仅如此，当身为基督徒的詹姆斯·博斯韦尔（James Boswell）问他是否担心自己死后会发生什么的时候，休谟说自己绝对不指望死亡后会得到永生。他给出了伊壁鸠鲁可能会给出的回答（见第四章）：他对自己死后会发生什么并不关心，就像他不关心自己出生之前发生了什么一样。

和休谟同时代还有许多才华横溢的人，其中不少他都认识。让−雅克·卢梭（Jean-Jacques Rousseau）便是其中一位，他对政治哲学产生了深远影响。

第十八章
人生而自由
让-雅克·卢梭

1766年，伦敦，一个黑色眼睛、身穿长毛皮大衣的小个子男人来到特鲁里街（Drury Lane）剧院看戏。剧院里的大多数人，包括国王乔治三世（George III），对这位外国游客的兴趣都远远超过了舞台上的演出本身。这个外国男人看上去如坐针毡，一边还在担心被自己关在房间里的一条阿尔萨斯狼狗（Alsatian）。他不喜欢受到在伦敦剧院里那样的关注，更喜欢在乡下田野上独自寻找野花。他是谁？为什么每个人对他都如此着迷？答案是：他是生于瑞士的伟大思想家和作家让–雅克·卢梭。他的伦敦之行是受大卫·休谟之邀，其到来轰动了文学界和哲学界，引起的骚动和吸引的人群，不亚于今天的著名流行歌手。

此时的卢梭,已经被天主教会禁了好几本书,原因是其中包含了有悖传统宗教思想的理念。卢梭相信,真正的信仰发自内心,不需要宗教仪式。不过,给他惹上最大麻烦的还是其政治理念。

他在《社会契约论》(*The Social Contract*,1762)一书的开头写道:"人生而自由,但却无往不在枷锁之中。"当时的革命者把这句话牢记于心,丝毫不让人奇怪。和许多法国大革命领袖一样,马克西米连·罗伯斯庇尔(Maximilien Robespierre)觉得卢梭的宣言鼓舞人心,革命者的追求正是打破富人给穷人套上的枷锁。当穷人挨饿时,主子们却过着奢侈的生活。富人的行径让卢梭愤怒,也让革命者痛恨,他们渴望真正的自由、平等和兄弟情谊。然而,在法国大革命发生10年前便已去世的卢梭不太可能会赞同罗伯斯庇尔将敌人送上断头台这样的恐怖统治。肉体消灭对手更像是马基雅弗利可能倡导的行为,不是卢梭推崇的理念。

卢梭认为人性本善。如果我们可以自由生活在森林里,很多问题就不会出现。但是把我们从这种自然状态抽离出来,放到城市里,事情就开始变得糟糕起来。我们变得痴迷于支配他人、吸引别人注意。这种竞争性的生活方式造成了可怕的心理影响,而金钱的出现又让一切进一步恶化。嫉妒和贪婪是人在城市里共同生活的结果,回到野外,每个"高尚的野蛮人"都会变得健康强壮,最重要的是能够重获自由。卢梭认为，文明似乎在腐蚀人类，然而他是一个乐观主义者，认为有可能找到更好的社会组织方式，使个人获得发展、得到满足，同时又能够与周围的人和谐相处，为共同利益而努力。

他在《社会契约论》中给自己设定的任务是找到一种方式，让人们可以一起生活，在遵守国家法律的同时，又能像生活在社会之外那样享受自由。这听起来似乎不可能实现，也许真的是不可能的。如果成为社会一部分的代价是遭受某种形式的奴役，那这个代价就太高了。自由和社会强加的严格规则无法共存，因为这些规则像枷锁一样，对个人的某些行为加以限制。但是，卢梭相信能够找到一条出路，其办法源自他对公意（General Will[1]）的思考。

公意就是对整个社会、整个国家最好的东西。当人们选择组成群体寻求保护时，似乎不得不放弃许多个人自由，霍布斯和洛克都这么认为。很难想象如何保持真正的自由，同时又生活在一群人中，因为在群体中，必须有规则来约束每个人，限制其行为。但是卢梭相信，作为生活在一个国家内的个体，你既可以自由，又能服从国家的法律，自由和服从可以结合在一起，而不是相互对立。

人们很容易误解卢梭所说的公意。举一个现代的例子，大部分人不喜欢高税率，政党也常常通过承诺上台后降低

---

[1] 又译为"共同意志""全意志"。——译注

税率来拉选票。如果要选择把收入的20%或5%用来交税，大多数人都会选5%，但那不是公意。如果你去问每一个人，他们想要什么，你得到的答案不是公意，而是被卢梭称为众意（Will of All）的东西。相比之下，公意是人们应该想要的东西，对整个社区有益，而不是符合社区中个人的自私愿望。要弄清楚公意是什么，我们必须忽略自我利益，关注整个社会的利益，即公共利益。如果我们认可有许多事情，例如道路维护等，都需要从税收中支付，那么对整个社会来说，如果提高税收可以做成这些事情，便是好事。如果税收太低，整个社会都会因此受到影响。在这种情况下，公意便是：税收应该足够高，以提供良好的服务。

当人们群居形成社会时，就成为同一类型的人，个体都是这个大整体的一部分。卢梭认为，在社会中保持真正自由的办法，是遵守与公意相一致的法律。这些法律由睿智的立法者制定，其任务是建立一套法律体系来帮助个人，让他们遵守公意，而不是以损害他人利益为代价追求自我利益。在卢梭看来，真正的自由是成为一个社群中的一员，做符合社群利益的事情。个人愿望也应该是那些对所有人来说最好的东西，而法律应该帮助你避免自私的行为。

但是如果你有反对意见呢？有些事情可能对你所处的城邦是好的，但是你却反对这么做。你作为个体，可能并不想遵守公意。对于这种情形，卢梭给出了解决办法，但这个办法并不是大多数人愿意接受的。他有一句令人忧心的名言：

如果有人没有认识到遵守法律是为了社会的共同利益，那么这个人就应该被"强迫自由"（forced to be free）。他的观点是，任何人如果反对真正符合社群利益的事情，在这种情况下，即使他们觉得自己的行为是自由的选择，但其实并没有得到真正的自由，对于个体来说，只有遵守公意才能获得自由。这是卢梭提出的解决办法，但是，你怎么能强迫一个人的自由？如果我强迫你读完这本书的剩余部分，就不是你的自由选择，对吧？很明显，强迫某人做某事与让他们自由选择完全是背道而驰的。

然而，在卢梭看来，这并不矛盾。那些不知道什么才是正确行为的人，会因为被强迫接受公意而获得自由。由于社会中的每个人都是社群成员，我们必须认识到，自己应该遵守公意，而不是追求自私的个人选择。按照这种观点，只有当我们遵守公意时，才有真正的自由，即使我们是被迫这样做的。这是卢梭的理念，但是后来的许多思想家，包括约翰·斯图尔特·穆勒（John Stuart Mill，见第二十四章），都认为政治自由应该是让个人尽可能做出自我选择的自由。卢梭的理念确实让人感到有些受到欺骗，他一方面控诉人们受到锁链的束缚，另一方面却提出强迫某人做某事是另一种自由。

卢梭一生大部分时间都在为躲避迫害而游走于不同的国家，相比之下，伊曼努尔·康德（Immanuel Kant）几乎从来没有离开自己的家乡，然而他的思想所带来的影响却遍及整个欧洲。

第十九章
戴着玫瑰色眼镜看世界
伊曼努尔·康德（一）

如果你戴着玫瑰色的眼镜，视觉体验的方方面面都会带上一层玫瑰色。你可能忘了自己还戴着眼镜，但眼镜仍然会影响你对世界的观察。伊曼努尔·康德（1724—1804）认为，我们都是通过这样的滤镜来理解世界的，这副滤镜就是我们的头脑，决定了我们对一切事物的体验，并对这种体验加以塑造。我们所感知的一切都发生在特定的时间和空间，每一个变化都有其原因。但是按照康德的说法，这并非因为现实绝对是这样，其实是经过我们头脑塑造出来的。我们无法直接了解世界，也永远无法摘下滤镜，看到事物的真面目。我们和这副滤镜连为一体，没有它，将完全无法体验任何事物。

所以，我们能做的，就是承认滤镜的存在，并了解它如何影响和改变着我们对世界的体验。

康德本人的头脑井然有序，富有逻辑。他的生活也是如此。他终身未婚，每天都遵守严格的作息规律。为了不浪费时间，他让仆人在早上5点就将他叫醒，然后喝点茶，抽一斗烟，接着就开始工作。他极为多产，写了许多书和论文。他然后去大学授课，之后在下午4点30分出门散步，每天如此。他会在附近的街道上走八个来回，不多不少。在他的家乡柯尼斯堡（Königsberg），即现在的加里宁格勒（Kaliningrad），当时的人们常常会根据他出门散步的时间来对表。

跟大多数哲学家一样，他花了许多时间试图理解我们与现实的关系。这其实就是形而上学（metaphysics）的本质，而康德是最伟大的形而上学家（metaphysician）之一。他特别感兴趣的是思想的局限性，也就是我们所能知道和理解的极限。他一直醉心于这个议题。《纯粹理性批判》(*The Critique of Pure Reason*，1781）是康德最著名的作品，他在这本书中探索了这些极限，对此议题的探讨深入到了几乎无法理解的边缘。这本书实在太难读懂，连康德自己都说它枯燥晦涩。康德说得很对，很少有人敢说自己完全读懂了这本书，其中大部分推理都非常复杂，充斥着各种术语。读这本书就像是在密密麻麻的字里行间挣扎，不知道自己要去哪里，也几乎不见天光。然而，这本书的核心论点却是非常清晰的。

现实是什么样的？康德认为，我们永远不可能全面了解事物的本质。我们永远无法直接了解他所谓的本体世界（noumenal world），即隐藏在表象之后的世界。在谈论"本体"时，康德有时用单数"noumenon"，有时用复数"noumena"，但其实他不应该这样做（黑格尔也指出了这一点，见第二十二章），因为我们不知道本体世界是一个还是多个。严格地说，我们对本体世界一无所知，至少无法直接从本体世界获得信息。我们可以了解现象世界（phenomenal world），即存在于我们周围、可以通过感官体验的世界。看看窗外，你能看到的是现象世界：草、车、天空、建筑物或其他。本体世界是我们看不到的，但是本体世界隐藏在所有我们能体验到的东西背后，存在于更深的层次。

也就是说，现实存在的某些方面将永远超出我们能够理解的范围。然而，与纯粹采用科学方法相比，通过严谨思考获得的理解会更深刻。在《纯粹理性批判》中，康德主要想回答的问题是：为什么可能存在先验综合知识？（How is synthetic a priori knowledge possible?）这个问题乍看上去可能完全无法理解，所以这里需要解释一下，但其核心观点并没有表面上那么难懂。第一个要解释的概念是"综合的"（synthetic）。在康德的哲学语言中，"综合的"是"分析的"（analytic）的反义词。分析意味着可以根据定义判断真伪，举例来说，"所有的男人都是男性"便可通过分析判断为真。这意味着你不需要对男人进行任何观察，就可以知道这句话是对的。你不需要检查他们是否都是男性,因为如果他们不是男性,他们就不是男人。你不需要实地考察就可以得出这样的结论,想一下就可以解决这个问题,因为"男人"这个词本身的概念即为男性。再举一个例子:"所有的哺乳动物都哺乳后代。"你完全不需要检查任何哺乳动物就可以知道它们都会哺乳后代,因为这是哺乳动物定义的一部分。如果你发现一些看起来像哺乳动物的东西,但是它们不哺乳幼仔,你就知道它们不可能是哺乳动物。"分析陈述"(analytic statements)实际上只和定义相关,所以不能带来任何新的信息,不过是把我们定义的东西再陈述一遍。

相比之下,"综合知识"需要体验或观察才能获得,它为我们提供新的信息,不只是包含在定义中,不管我们使用什么样的文字或符号体系。例如,我们知道柠檬尝起来是苦的,但是要获得这一知识,必须尝一下柠檬,或者通过其他人告知其品尝柠檬的经验。我们不可能从柠檬的定义上得出柠檬尝起来是苦的这样的结论,这必须是通过体验才能了解的东西。"综合陈述"(synthetic statement)的一个例子是"所有的猫都有尾巴",要确定这一陈述是否为真,必须做一番研究,去观察了解,否则是无法分辨真伪的。事实上,有些猫,比如马恩岛猫(Manx),就没有尾巴。还有些猫失去了尾巴,但仍然是猫。因此,是否所有的猫都有尾巴涉及我们所处世界中的一个事实,与猫的定义无关。"所有的猫都有尾巴"与"所有的猫都是哺乳动物"很不一样,前者属于综合陈述，而后者是一条只跟定义相关的分析陈述。

那么，什么是"先验综合知识"呢？我们已经知道，先验知识是独立于体验的知识，是我们在体验之前就已经知道的知识。在17、18世纪的时候，有一场关于是否存在先验知识的辩论。简单地说，这样的知识，经验论者（如洛克）认为不存在，而实在论者（如笛卡尔）认为存在。当洛克宣称孩子的头脑是一张白纸时，他的意思是先验知识是不存在的。如果先验知识不需要体验就能得到，那么先验知识似乎和分析陈述是一回事，有些哲学家确实认为这两个术语是可以互换的。但是康德不这么想，他认为，存在这样一种知识，它既提供了有关这个世界的额外信息，又不需要体验即可得到，由此他引入了"先验综合知识"这个概念。以数学等式 7 + 5 = 12 为例，这也是康德自己举的例子。虽然许多哲学家认为这是分析陈述，是数学符号的定义问题，但是康德认为，我们不需要检查或观察就可以知道 7 + 5=12，而与此同时，这个等式又给了我们新的知识，所以又是一个综合陈述。

康德的理论是哲学上的一个突破。在他之前，研究现实本质的哲学家把现实看作是某种超越我们理解和感知能力的东西，但是能够让我们产生间接的体验。如果我们只能间接体验现实，怎样才能真正接触现实、得出有意义的结论，而不仅仅是对现实进行猜测呢？康德的伟大见解是，我们可以通过理性的力量，发现头脑中塑造影响我们体验的那些特征，通过认真深入思考，可以找到有关现实的新发现：并非仅仅凭借定义为真，而是可以提供新的信息。他认为，他所做的这一逻辑论证，相当于证明为什么世界对我们来说总是带着玫瑰色的。他不仅证明了我们戴着玫瑰色的眼镜，而且带来了新的发现：眼镜的玫瑰色也是分各种层次的，不同层次的玫瑰色对我们的体验产生了不同的影响。

在满意地回答了我们与现实关系这个基本问题之后，康德把注意力转向了道德哲学。

第二十章

如果每个人都这么做,那会怎么样?

伊曼努尔·康德 (二)

有人敲门,门口来了一个受伤的年轻人,身上流着血,显然需要帮助。你带他进屋,为他包扎,让他平静下来,让他觉得他安全,然后打电话叫救护车。这样做显然是对的,但如果仅仅出于同情而帮他,按照康德的说法,却称不上是一种道德行为。你的同情心与行为是否道德毫不相关,做这件事体现了你的性格,但与对错无关。在康德看来,道德不仅仅在于你做了什么,而且跟为什么要这么做有关。正确行事不能单单出于情感:行为决定必须基于理性分析,从而明确责任之所在,与个人感觉无关。

康德认为,情感不属于道德范畴。我们拥有什么样的情感，基本靠运气。有些人有同情心、同理心，有些人则没有。有的人从不慷慨施予，有的人则乐善好施。但是任何一个有理智的人，无论情感如何，都可以选择做一个有道德的人。在康德看来，如果帮助上面提到的那个年轻人是出于自己的责任感，就是一种道德行为。这是一种正确的行为，原因是在相同的情况下，每个人都应该这么做。

你可能觉得这么说听上去很奇怪。你可能会认为，一个人如果出于可怜这个年轻人而出手相助，那么他的行为也很道德，因为看到这个年轻人的处境时心生怜悯，说明他是一个很善良的人。亚里士多德也会这么认为（见第二章），但在康德看来，如何判断事情是否道德是很清楚的：如果仅仅因为自己的感觉而做了某件事，那算不上什么好的举动。想象一下，如果一个人看到那个年轻人时心生厌恶，但出于责任感仍然施以援手。在康德眼里，这个人明显比因同情而出手相助的人更为道德，因为他提供帮助的行为完全受责任感驱使，而情绪只会推着他往反方向走。

让我们看一下"好撒玛利亚人"（Good Samaritan）的寓言故事。好撒玛利亚人帮助了一个躺在路边、需要帮助的人，而其他路人却视而不见。是什么让好撒玛利亚人成为好人的？在康德看来，如果好撒玛利亚人出手相助的动机是自己能因此上天堂，那就根本不属于道德行为，只是把帮助他人当作实现一己私利的手段。如果仅仅出于同情而伸出援手，那么和之前的例子一样，也算不上道德行为。但是，如果好撒玛利亚人认为帮助他人是自己的责任，也是所有人在这种情况下都应该做的正确之事，那么他的行为就是道德的。

相比康德对情感的论述，他对动机的分析更容易让人接受一些。大多数人的确是通过行为动机，而非行为结果，来评判他人的行为。想象一下，如果你在人行道上，一个孩子的家长因为急着把孩子从马路上拉回来而不小心撞到你，你会怎么想？再想象另一种情形，还是在人行道上，有人为了好玩儿故意把你撞倒，你又会怎么想？那个孩子的家长并没有伤害你的意图，而那个使坏的人真的就是以撞你为乐。但是，动机良好并不足以使行为有道德，下面再看一个例子。

又有人敲门，你打开门，外面站着的是你最好的朋友。她面色苍白，神情焦虑，气喘吁吁，说有人在后面追她，那人手里提着刀想要杀她。你让她进门，她跑上楼躲了起来。过了一会儿，又有人敲门。门口就是那个要对你朋友图谋不轨的人，他眼神疯狂，问你是否知道你朋友在哪里。她在这里吗？是不是躲在橱柜里？实际情况是她正躲在楼上，但是你撒了谎，说她跑去了公园。你肯定做了一件正确的事情，对吗？把这个可能的凶手支开，也许因此救了朋友一命。你的行为一定是道德的，这难道还能有错？

康德可不这么看。他认为在任何情况下都不应该说谎，哪怕是为了保护朋友不被杀害。撒谎在道德上一定是错的，没有例外，没有借口。原因是，如果你认为在这种特定情况下撒谎是对的，那么推而广之，任何人都可以根据自己的特定情况而撒谎。回到这个例子，如果你撒谎把凶手引去了公园，而你的朋友在你不知情的情况下刚好也去了公园，那么你就在实质上帮了凶手，你朋友的死在一定程度上是你的错。

这是康德自己举的例子，足以说明他的观点是多么极端。他认为在任何情况下都不能说谎，在任何情况下都必须承担道德责任。他认为，说实话是我们绝对的责任，或者借用他的话来说，说实话是一种定言令式（Categorical Imperative[1]），"令式"就是一种命令。与定言令式相对的是假言令式（hypothetical imperative[2]），假言令式是"如果你想要 x，那么就做 y"，例如："如果你想要不坐牢，那么就不要偷窃。"定言令式则不同，是一种命令，在这个例子中，定言令式就会是"不要偷窃"，直接告知责任是什么。康德认为道德属于定言令式，道德责任是绝对的，无论会有什么后果，无论在什么情况下。

康德认为，我们之所以是人而不是动物，是因为我们可以对自己的选择进行反思。如果不能有目的地采取行动，就和机器没什么两样。"你为什么这么做？"这个问题几乎总是有意义的，因为人的任何行为都不是出自本能，而是有原因的。康德将此称之为格律（maxim），是我们行为背后遵循的准则。要回答"你为什么这么做？"这个问题，康德认

---

1 也译为"定然律令""绝对律令"。——译注
2 也译为"假然律令""假设律令"。——译注

为只有行动背后的格律才是真正重要的。他认为，应该只按照可普遍化（universalizable）、适用于所有人的格律行事。也就是说，只应该做任何人在面临同样处境时都会做的事情。所以你应该不断问自己这样一个问题："如果每个人都这么做，那会怎么样？"不要认为自己与众不同。康德认为，在实践中，这意味着你不应该利用他人，而应该尊重他人，认同他人的自主性，接受其作为个体有为自己做出合理决定的能力。这种对个人尊严和价值的尊重是现代人权理论的核心，是康德对道德哲学的重大贡献。

用一个例子可能更容易理解。想象一下，你经营着一家水果店，对顾客总是礼貌有加，找零分毫不差。你也许是出于生意上的考虑，认为这么做会带来更多回头客。如果这是你找零分毫不差的唯一原因，那么这么做就是利用顾客得到自己想要的东西。康德认为，如果让每个人都以这种方式对待他人，显然是不对的，所以这不是一种道德行为。但是如果你找零分毫不差的原因是认识到不欺骗他人是自己的责任，那么这就是一种道德行为。这种行为是基于"不欺骗他人"这一格律，而这一格律在任何情况下都适用。欺骗就是利用他人来得到自己想要的东西，不可能是道德的行为准则，因为如果每个人都欺骗他人，信任就会瓦解，没有人会相信其他任何人的话。

再举一个康德用过的例子：想象你彻底破产了。银行不再借钱给你，你没有任何东西可换钱，如果不付房租，马上就会流落街头。你想出的办法是去找朋友借钱，承诺会还钱，即使知道自己没有能力。这是你最后一根稻草，再也想不出别的办法来付房租。这样可以吗？康德认为，向朋友借钱而不打算归还的行为是不道德的，理性分析一下就可以得出这个结论。如果每个人都为了能借到钱，在明知自己没有能力的情况下承诺还钱，那实在是荒唐。所以，这也不是一条可普遍化的格律。因此在作出选择的时候，必须问自己一个重要的问题："如果每个人都这么做，那会怎么样？"在这个例子中，如果每个人都做出这样的虚假承诺，承诺就会变得毫无价值。如果别人这么做是不对的，那么你这么做也不对，所以你不应该这么做，这是错误的行为。

这种基于推理而非情感来判断行为对与错的方式，与亚里士多德的思维方式有很大的不同（见第二章）。在亚里士多德看来，一个真正有道德的人总能够产生正确的情绪，并因此做出恰当的行为。在康德看来，感情只会使问题变得含混不清，更难透过表面看清行为是否真的正确。或许，我们可以换个更积极的说法：在康德的理论中，每一个有理性的人都有能力做有道德的事，无论是否具有正确的情绪以驱动其行为。

康德的道德哲学与下一章的主角杰里米·边沁（Jeremy Bentham）的哲学形成了鲜明对比。康德认为某些行为不论后果如何都是错误的，而边沁则认为后果才是最重要的，也是唯一重要的考量。

第二十一章
有实用价值的欢愉
杰里米·边沁

如果你去参观伦敦大学学院（University College London），可能会惊奇地发现杰里米·边沁（1748—1832）的身体陈列在一个玻璃柜子里，更准确地说，柜子里是他身体残存的部分。他坐在那里看着你，膝盖上架着最喜欢的拐杖，他给这根拐杖起了个爱称叫"斑点"（Dapple）。柜子里的边沁的头是用蜡做成的，真正的头颅被制成了木乃伊，保存在一个木盒子里，以前还展出过。边沁认为，用"自身像"（auto-icon），也就是自己的真实身体，比用雕像来纪念他更有意义。因此，他1832年去世时留下了如何处理自己遗体的指示。这种做法从未流行开来，不过列宁的遗体也是经过防腐处理后，放在了一座特别建造的陵墓里展出的。

边沁的其他一些想法更有实际功能。比如，他设计了被称为"全视楼"（Panopticon）的圆形监狱，并将其称为"让恶棍变成老实人的碾压机"。在这种监狱里，瞭望塔位于中央，可以让狱警以少数人力监视周围囚室内的大量囚犯，而囚犯却无法知道自己是否正受监视，从而永远处于担心之中。该设计原理在一些现代化监狱甚至图书馆中得到应用，是边沁许多社会改革项目中的一个。

但是，比这更重要、更有影响力的是边沁关于如何生活的理论，即功利主义（utilitarianism）或最大幸福原则（Greatest Happiness Principle）。该理论认为，只要是能带来最大幸福的行为都是正确的。边沁不是第一个提出这种道德理论的人，例如，在他之前的法兰西斯·哈奇森（Francis Hutcheson）就已经提出过这一理论，但边沁是第一个详细解释如何将其付诸实践的人。他希望改革英国法律，使之可能带来更大的幸福。

但是，幸福是什么？不同的人的理解似乎不同。边沁对这个问题的回答直截了当：一切都取决于你的感受，快乐多、痛苦少即为幸福，或者说快乐在数量上多于痛苦，即为幸福。对他来说，人类非常简单，痛苦和快乐是大自然赋予的、指导人生的标准：我们寻求快乐，避免痛苦。快乐本身就是好的，也是唯一本身即好的东西，其他的一切，如想要得到，则是因为人们相信这些东西能给自己带来快乐或减少痛苦。因此，你如果想吃冰激凌，想要的并不是冰激凌本身，而是吃冰激凌时可能带来的快乐。同样的道理，你不想让自己烧伤，原因是烧伤会带来痛苦。

那么，幸福该如何衡量呢？回想一下你真正幸福的时刻，是什么样的一种感觉？你能用一个数字代表当时的幸福程度吗？比如说，假设满分是十分的话，是七分还是八分呢？有一次，我乘坐水上出租车离开威尼斯，司机加快速度，小船在水面飞驰，美丽的景色被落日的余晖染红，水花溅到脸上，妻子和孩子们兴奋地笑着，那一时刻的幸福，感觉可以达到九点五分，甚至十分。为这样的经历打分似乎并不荒谬，边沁相信幸福可以量化，用同一尺度、同一单位衡量，比较不同的幸福。

边沁把他用来计算幸福的方法叫作幸福计算法（Felicific Calculus）。首先，计算出一个特定的行为会带来多少快乐，计算过程中要考虑到快乐持续的时间和强度，以及带来进一步快乐的可能性。然后，减去这一行为可能引起的痛苦。计算所得即为快乐价值，边沁称之为"效用"（utility[1]），因为一个行为带来的快乐越多，对社会就越有用。这就是这种理论为什么被称为"功利主义"。你可以将一系列可以选择的行为在效用上进行比较，然后实施带来最大幸福感的行为。就这么简单。

---

[1] 又译为"功效"。——译注

第二十一章　有实用价值的欢愉

那么，快乐的来源重要吗？从一些令人产生美好感觉的事情中获得快乐，比如读诗，总比从玩幼稚游戏或者吃冰激凌要好，不是吗？边沁可不这么认为。快乐如何产生在他看来根本不重要，如果做白日梦和观看莎士比亚戏剧产生的快乐在量上是一样的，两者就没有什么不同。他把图钉游戏（pushpin[1]）和诗歌进行比较，以此为例来说明行为产生的快乐量是最重要的，如果快乐量相同，活动的价值就一样。因此，从功利主义角度来看，图钉游戏在道德上可以和读诗一样好。

在第二十章中我们看到，康德认为一些责任，比如永不说谎，适用于任何情况。边沁却认为，一件事对错与否取决于可能产生的结果，而结果会因具体情况而不同。说谎未必总是错的，有时候说谎也许是正确的。如果说谎比不说谎能带来更大的幸福，说谎就是道德上正确的行为。假设一个朋友穿着一条新的牛仔裤，问你好不好看，追随康德理念的人就必须说出真相，即使这不是朋友想听到的；功利主义者（utilitarian）会先判断一下温和的谎言是否会带来更大的幸福，如果会，那说谎就是正确的回答。

功利主义在18世纪末提出时，是一种激进的理论。其中一个原因是功利主义在计算幸福时，每个人的幸福都是平等的。用边沁的话来说，每个人都只能算作一个单位，没有人能超过一个单位。没有人有特殊待遇，贵族的快乐并不比

---

1 一种当时流行的无须动脑的游戏。——译注

贫穷劳工的快乐更有价值。这样的计算方法与当时的社会秩序形成了巨大反差,当时贵族对土地的使用有着非常大的影响力,许多人甚至拥有世袭的上议院议席和制定修改法律的权利。因此,当时的一些人对边沁强调平等的理念感到不安,也就不是一件奇怪的事了。不过,也许在当时的人看来,他更激进的想法是动物也有幸福感,因为动物有感知快乐和痛苦的能力,也适用于幸福计算法。在边沁看来,动物不会推理或说话并不重要(尽管这一点对康德的理论很重要),这些并不属于道德范畴,重要的是它们有感知痛苦和快乐的能力。这一论点是当今许多动物福利运动的基础,比如彼得·辛格领导的运动(见第四十章)。

不过,边沁强调所有可能产生快乐的来源都是平等的论点,有一个致命的问题。罗伯特·诺齐克(Robert Nozick,1938—2002)发起了这样一个思想实验:想象有一个虚拟现实的机器,能够虚拟你的日常生活,但消除了所有痛苦与烦恼。当你把自己连接到这台机器上后,只要过一段时间,就会忘记自己并不是在体验真正的现实,而是完全沉浸于机器制造的幻觉中。这台机器能为你带来一系列愉悦的体验,就像是一台梦想发生器,例如,它可以让你想象在世界杯上踢入制胜一球,或者正在享受梦幻假期,任何能给你带来最大愉悦的东西都可以模拟出来。根据边沁的分析,既然这台机器可以最大化你的幸福状态,那么你应该一生都连接在这台机器上,因为这将是快乐最大化和痛苦最小化的最佳方式。

然而，许多人可能会想要不时用这台机器体验一下，却不愿永久连在上面，因为还有比持续的愉悦状态更有价值的东西。这似乎表明，边沁认为，任何能带来同样快乐量的东西都有同样的价值，这种观点是错误的，而且并不是每个人的人生驱动力只是将快乐最大化痛苦最小化。这一议题后来由约翰·斯图尔特·穆勒做出了进一步的研究，穆勒是边沁出类拔萃的学生，后来却成长为边沁的批评者。

边沁沉浸在自己所处的时代中，渴望找到解决现实社会问题的办法。格奥尔格·威廉·弗里德里希·黑格尔（Georg Wilhelm Friedrich Hegel）声称自己能够后退一步，纵观人类历史的整个过程，找到那些只有最优秀的知识分子才能看明白的历史发展模式。

第二十二章
密涅瓦的猫头鹰
格奥尔格·W. F. 黑格尔

"密涅瓦（Minerva）的猫头鹰只在黄昏时飞行。"这是格奥尔格·威廉·弗里德里希·黑格尔的观点（1770—1831）。这句话是什么意思？读者在阅读黑格尔作品时常常会这样问。他的作品晦涩难懂，其中一个原因是他跟康德一样，经常在作品中使用非常抽象的语言来进行表述，而且文中的术语还常常是自己发明的。没有人能够完全理解他的作品，甚至是黑格尔自己。上面这句有关猫头鹰的话还属于比较容易理解的，他用这种方式告诉我们，在人类历史进程中，只有到了晚期，当人们回顾已经发生的事件时，才能洞察、产生理解，就像只有到了黄昏才能回顾白天发生的事一样。

密涅瓦是罗马神话中的智慧女神,通常与智慧猫头鹰联系在一起。黑格尔到底是一个睿智还是愚笨的人,人们一直争论不休,但他产生的巨大影响力却毫无疑问。黑格尔认为,历史将以一种特定的模式发展,这一观点启发了卡尔·马克思(Karl Marx,见第二十七章)。马克思主义激发了20世纪早期欧洲的革命浪潮,因此可以说黑格尔的哲学改变了历史。但是黑格尔也让许多哲学家厌烦,一些哲学家甚至以他的作品为例来说明使用术语不精确可能造成的危害。伯特兰·罗素(Bertrand Russell,见第三十一章)对黑格尔的作品充满鄙夷,而A. J. 艾耶尔(A. J. Ayer,见第三十二章)则宣称黑格尔作品中大多数句子根本言之无物,连无聊的韵文所包含的信息都比黑格尔的文章多,而且读起来更有乐趣。其他人,包括彼得·辛格(见第四十章),认为黑格尔的思想极有深意,并表示他的作品之所以难懂,是因为黑格尔与之挣扎、纠缠的,是极具开创力和难以把握的思想。

1770年,黑格尔出生于现德国境内的斯图加特(Stuttgart),他成长期间正是法国大革命时期,君主政体被推翻,新的共和国建立起来。他称之为"光辉的黎明",和同学们一起种下了一棵树来纪念法国大革命。那个时期政治的不稳定和激进的变革影响了他的一生。当时的人们有一种深切的感受,就是最基本的假设都可以被推翻,一些看似亘古不变的东西也并非牢不可破。黑格尔由此引申出的一个观点是,我们的观念与所处的时代息息相关，如果从历史背景中抽离出来，则无法充分理解。黑格尔相信，在他所处的时代，历史已经发展到了一个关键阶段。在个人层面上，他经历了从默默无闻到名声显赫的过程，他的职业生涯以给富裕人家当家庭教师开始，后来成为学校校长，最终被聘为柏林一所大学的教授。他的一些著作最初是为了帮助学生理解自己的哲学思考而写成的课堂讲稿。他去世时已经是当时最负盛名、最受敬仰的哲学家。他的作品如此晦涩难懂，能够成名真是令人相当惊讶。但是，他有一群热忱的学生致力于理解和讨论他所教授的东西，并在政治和形而上学的层面上揭示其意义。

黑格尔曾深受康德形而上学（见第十九章）的影响，但是后来对康德所提出的本体存在于现象世界之外这个观点，黑格尔并不接受。他认为并没有一个超越感知的本体让我们产生对世界的体验，而是得出结论说，我们体验到的就是真正的现实，在这背后并不存在任何其他东西，但这并不意味着现实处于一种固定的状态。在黑格尔看来，一切都处于不断变化的过程中，而这种变化的形式是自我意识的逐渐增强，个人的自我意识，是由所生活的时代决定的。

把整个历史想象成一张以某种方式折叠起来的长长的纸。直到纸张完全展开，我们才可能知道里面有什么东西，最里面写的是什么，但是这张纸有一种特定的、逐渐打开的方式。在黑格尔看来，现实在不断地向着理解自身的目标推

第二十二章　密涅瓦的猫头鹰

进，历史绝不是随机的，它正在向某个方向发展。只有回头细看历史的时候，才会明白它是如何展开的。这是一个奇特的想法，许多人如果是第一次听到，大概都不会同意黑格尔的这个观点。对大多数人来说，历史更接近于亨利·福特（Henry Ford）所描述的那样："该死的事情一件接着一件发生。"这一系列事情并没有预先设定好的计划大纲。我们研究历史时，可能会发现某一事件发生的原因，并预测未来可能发生的事情，但这并不意味着历史就像黑格尔想象的那样有一个不可避免的发展模式，一定会朝某个方向发展。而且，这肯定并不意味着历史正在逐渐产生自我意识。

黑格尔的历史研究并非独立于哲学思考之外，是其中的一部分，而且是主要的部分。在他看来，历史和哲学交织在一起，一切都朝着更好的方向发展。他并不是第一个提出这一想法的人，宗教通常将历史解释为通向某个终点，比如基督再临（Second Coming）。黑格尔是一名基督徒，但其论述却远非正统。在他看来，历史最终的结果并不是基督再临，他认为历史确实有一个终极目标，过去人们都没有真正意识到这一点，通过理性的推进，历史将逐渐但不可避免地走向"精神"（Spirit）自我意识的实现。

但是什么是"精神"呢？它变得有自我意识又意味着什么？黑格尔在其著作中用的是德语 Geist。学者们对这个词的确切含义意见不一，有些人更倾向于翻译成"心灵"（Mind）。黑格尔的意思似乎指是全人类的单一心智。黑格尔是一名唯心主义者，他认为"精神"或"心灵"是根本，在物质世界中以某种方式表现出来（相反，唯物主义者认为物质才是根本）。黑格尔以个人自由逐渐增加作为重述世界历史的线索。我们从个体自由开始，经由一部分人享有自由，而另一部分人没有自由，进而发展进入人人享有自由并为社会做出贡献的政治国度。

黑格尔认为，我们在思想上取得进步的一种方式，是让思想与其对立面进行交锋。他相信，可以通过辩证法逐渐接近真理。一个人提出一个论点，称为"正题"（thesis[1]），然后有人提出与之相对的论点，即"反题"（antithesis[2]），与之交锋。在这两个论点的冲突中，将诞生更为复杂的第三种论点，兼顾正题与反题，是两种论点之合，称为"合题"（synthesis[3]）。通常，当合题形成时，就成为新的正题，于是整个过程便又重新开始。如此不断持续，直到"精神"的自我意识得以实现。

黑格尔认为，历史的主要进程即为"精神"理解其自由的过程。他将历史回溯到古代中国和印度，那些"东方人"（Orientals）生活在暴君统治之下，在他们的社会中，只有最高统治者才能体验到自由，而普通人根本没有自由的意

---

[1] 也译为"论点""正旨"。——译注
[2] 也译为"反论点""反旨"。——译注
[3] 也译为"综论""合旨"。——译注

识。古波斯人对自由的理解相对深入一些，古希腊人打败了他们，也带来了对自由理解的进步。与之前的人相比，古希腊和后来的古罗马人更多地意识到自由，但却仍然保留着奴隶，表明他们并没有充分认识到自由属于全人类，而不仅仅是富人或有权势的人。黑格尔在1807年出版的《精神现象学》（*The Phenomenology of Spirit*）一书中有一段著名的论述，讨论了奴隶主和奴隶之间的斗争：奴隶主希望被人认可为一个有自我意识的个体，他需要通过拥有奴隶来实现这一点，但却不接受奴隶也需要被认可。这种不平等的关系导致双方之间的斗争，其中一方奄奄一息。但这样的斗争是违背自身利益的，于是最终奴隶主和奴隶认可彼此相互需要，应该尊重对方的自由。

但是，黑格尔声称，只有基督教才能让真正的自由成为可能，因为基督教启发了人们对精神价值的认识。在黑格尔生活的时代，历史实现了自己的目标，"精神"意识到了自身的自由，社会也因此被理性原则所支配。黑格尔认为非常重要的一点是：真正的自由只能来自一个组织良好的社会。许多黑格尔的读者担心，在他所想象的那种理想社会中，那些在社会观方面与强势阶层意见相左的人，将会在自由的名义下，被迫接受"合理"的生活方式。用卢梭提出的一句自相矛盾的话来说，他们将被"强迫自由"（见第十八章）。

一切历史的最终结果，原来是黑格尔本人对现实结构的认识。他似乎认为在自己一本书的最后几页中实现了这一点。

这就是"精神"第一次产生自我意识的时刻。和柏拉图（见第一章）一样，黑格尔也认为哲学家地位特殊。你应该还记得，柏拉图认为，他的理想国的国王应该是一位哲学家。与柏拉图不同，黑格尔认为哲学家可以实现一种特定的自我理解，这种自我理解同时也是对现实和对所有历史的理解，诠释了德尔斐阿波罗神庙上镌刻的"认识你自己"（Know Thyself）这句话的含义。他认为，人类事件发展的终极方式是由哲学家认识到的。哲学家领会到使用辩证法能够达成渐进式的觉醒，然后突然间，一切都变得清晰，整个人类历史进程的阶段也变得明了，"精神"进入一个自我觉悟的新阶段。至少黑格尔的理论是这么认为的。

黑格尔有很多崇拜者，但是阿图尔·叔本华（Arthur Schopenhauer[1]）不在其中。叔本华认为黑格尔根本不是真正的哲学家，因为他在探讨哲学问题时不够严肃诚实。在叔本华看来，黑格尔的哲学理论根本是一派胡言，而黑格尔则将叔本华形容为"讨厌、无知"。

---

1 也译为"亚瑟·叔本华"。——译注

第二十三章
一瞥现实
阿图尔·叔本华

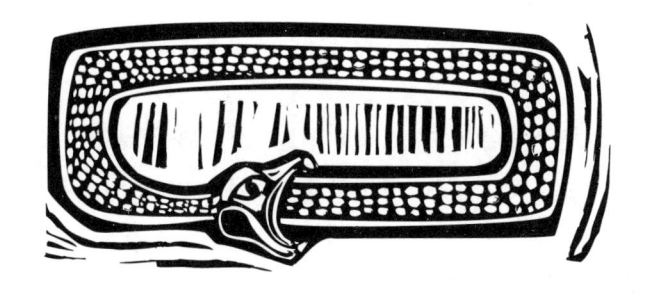

人生是痛苦的，最好不要出生。很少有人对人生的想法如此悲观，但阿图尔·叔本华（1788—1860）就是这么一个悲观的人。按照他的说法，我们都深陷于一个无望的循环：想要得到，得到了，想要得到更多，永无止歇，直到归西。每当我们似乎得到了自己想要的东西，却又开始想要别的东西。你可能认为如果自己成为百万富翁就会感到满足，但是这种满足感不会持续很久，又会想要一些别的没有的东西。人就是这样，永远不会满足，永远不会停止渴求。这一切都非常令人沮丧。

其实叔本华的哲学理念并没有听上去那么灰暗。他认为，如果我们能够认识到现实的真实本质，行为就会非常不同，并可能避免一些令人悲观的人类行为特征。他所表达的思想与佛陀的思想非常接近。佛陀教导说，所有的生命都包含着苦难，但是在深层次上看，并没有所谓的"自我"，如果认识到这一点，便能够参透、觉悟。这种相似性并非巧合，跟大多数西方哲学家不同，叔本华广泛阅读了东方哲学著作。他的办公桌上甚至还有一尊佛像，旁边一尊是另一位对他有重要影响的人物：康德。

与佛陀和康德不同，叔本华是一个阴郁、难相处、虚荣的人。他应聘到柏林一所大学任教，因为对自己的才华深信不疑，所以坚持要求把自己和黑格尔的课安排在同一时间。结果弄巧成拙，黑格尔的课堂座无虚席，叔本华的课堂却空空如也。叔本华后来离开大学，靠继承来的遗产度过余生。

他最重要的著作《作为意志和表象的世界》（*The World as Will and Representation*）于1818年首次出版，但他接着又花了多年时间修改，在1844年出版了一个更长的版本。其核心思想相当简单：现实有两个层面，意志（Will）和表象（Representation）。意志是一种盲目的驱动力，存在于所有事物之中。正是这种驱动力使动植物生长，使磁针指向北方，使晶体在化合物中生成，它存在于自然界的每一个角落。在另一个层面，作为表象的世界（World as Representation）就是我们所感知的世界。

作为表象的世界是我们在头脑中对现实的建构，这就是康德所说的现象世界。看看你的周围，也许可以透过窗户看到树木、人或汽车，或者看到面前的这本书；也许你可以听到鸟鸣、车流声或者其他房间的噪音。通过感官所感知到的就是作为表象的世界，这是我们理解发生在周围世界中所有事物的方式，需要意识来建构，通过大脑将感知到的东西组合起来，构成一个符合逻辑的世界，这个作为表象的世界就是我们生活的世界。但是跟康德一样，叔本华也认为在感知之外，也就是在作为表象的世界之外，还存在着一个更深层次的现实。康德称之为本体世界，我们无法直接进入。叔本华所说的"作为意志的世界"（World as Will）有点像康德的本体世界，但是有重要的区别。

康德在讨论本体世界时，用的是本体的复数形式（moumena），因为他认为现实可能分成多个部分。我们不清楚康德是如何知道这一点的，因为根据他的理论，人类无法进入或了解本体世界。叔本华的看法则相反，他认为不能假设本体有多个部分，因为那样就需要涉及空间和时间，而根据康德的理论，空间和时间在现实中并不存在，只是构建在每个人的头脑之中。叔本华认为作为意志的世界是一种单一、包揽全部、无方向的力量，驱动着一切事物，我们可以通过自己的行为以及对艺术的体验来窥见作为意志的世界。

现在，如果你把书放下，把手放在头上。旁观者看到的是你把手举起来放在头上，如果你面前有一面镜子，你看到的也是同样一个场景。这就是康德的现象世界，或是叔本华的作为表象的世界。根据叔本华的观点,在我们移动肢体时,还有一个内在的体验,这种体验与我们感知现象世界获得的体验有所不同。我们无法直接体验作为意志的世界,但是当我们主动地、有意识地做出肢体动作时,我们已很接近于体验作为意志的世界。这就是他选择"意志"这个词来描述现实的原因,尽管只有在与人类相关的情形中,作为意志的世界所具有的驱动力,才能和个体有意识的行动联系起来。与之相对,植物并不是有意识地长大,化学反应也不是有意识地发生。因此,在阅读叔本华的理论时,必须很清楚作为意志的世界中的"意志"与我们平常理解的意志不是一回事。

当一个人想要做一件事时,他的行动有一个目标:完成这件事。但是,叔本华所描述的作为意志的世界和由个人意志出发采取的行动不同。作为意志的世界中的意志是没有特定方向的,或者用他的话说,是"盲目"的,没有试图产生任何特定的结果,没有任何意义或目标。这只是一股骤升的能量,存在于每一种自然现象中,也存在于我们有意识的行为中。叔本华认为,并不存在一个上帝来给这个意志指明方向,意志本身也不是上帝。对于人类来说,我们和所有的现实一样,都是这一无意义力量的一部分。

然而,有一些体验可以让生活变得不那么难以忍受,这些体验大多来自艺术。艺术提供了一个静止的点,让我们可以短暂地摆脱奋斗和欲望无休无止的循环。在叔本华看来,音乐是最好的艺术形式,因为音乐是意志本身的复制品。他认为这就可以解释为什么音乐能够如此深切地让我们感动，如果你以正确的心态聆听贝多芬（Beethoven）的交响乐，得到的不仅仅是情感上的刺激，还能瞥见真正的现实。

没有其他哲学家将艺术放在如此核心的位置上，所以叔本华受到各类艺术界人士的欢迎也就不足为奇了。作曲家和音乐家喜欢他，因为他相信音乐是所有艺术中最重要的。他的思想也受到小说家的青睐，其中包括列夫·托尔斯泰（Leo Tolstoy）、马塞尔·普鲁斯特（Marcel Proust）、托马斯·曼（Thomas Mann）和托马斯·哈代（Thomas Hardy）。狄兰·托马斯（Dylan Thomas）写了一首名为《通过绿色导火索催动花朵的力》（The force that through the green fuse drives the flower）的诗，其灵感就来自叔本华对作为意志的世界的描述。

叔本华不仅描述了现实以及我们与现实之间的关系，他对应该如何生活也表达了看法。一旦你意识到我们都是同一股能量的一部分，并且每个人都只存在于作为表象的世界这一层面上，应该就会对自己的行为有所改变。在叔本华看来，伤害他人是一种自我伤害，这是所有道德的基础。如果我杀了你，我就破坏了把我们连接在一起的力量。当一个人伤害另一个人时，就像蛇咬了自己的尾巴，却不知道自己的毒牙正在咬着自己的肉一样。所以叔本华传授的基本道德是同情心，也就是说他人并不在我之外，我关心你，因为在某种程度上，你和我都是作为意志的世界的一部分。

这就是叔本华提倡的道德立场。不过,他自己是否做到了这种对他人的关心,很值得怀疑。有一次,一个老妇人在他门外与人聊天,他非常生气,把她推下了楼梯。老人因此受伤,法庭判决叔本华必须给予她终身赔偿。几年后这位老人去世,叔本华并没有表现出同情心,而是在她的死亡证明上用拉丁语潦草地写下了一句玩笑话"*obit anus, abit onus*",意为"老妇人死了,负担就没了"。

面对无休止的欲望循环,还有另一种更极端的方法。为了避免深陷欲望之中,可以彻底远离这个世界,成为一个苦行者,过一种清贫无欲的生活。这是叔本华所提出的应对人生的理想方式,也是许多东方宗教倡导的生活方式。然而,叔本华自己从未成为苦行者,尽管随着年龄增长,他退出了社交生活,但是在一生的大部分时间里他都喜欢有人陪伴,有风流韵事,享受精美饮食。也许可以说他是个心口不一的人。他的一些读者认为,贯穿在他作品中的悲观情绪如此之深,如果他是真诚的,早就自杀了。

相比之下,维多利亚时代伟大的哲学家约翰·斯图尔特·穆勒是一个乐观主义者。他认为,严谨的思考和讨论可以刺激社会变革,带来一个更美好的世界,让更多人过上幸福、充实的生活。

第二十四章

成长空间

约翰·斯图尔特·穆勒

想象一下,你童年的大部分时间都与其他孩子隔离开。别的孩子在玩游戏,你却在私人导师的指导下学习希腊语和代数,或者与睿智的成年人交谈。你长大后会变成什么样子?

这差不多就是约翰·斯图尔特·穆勒(1806—1873)的人生。他是一个教育试验品,父亲詹姆斯·穆勒(James Mill)是边沁的朋友,他和洛克一样认为小孩子的头脑就像是一张白纸。他坚信如果以正确的方式抚养,孩子很有可能成为天才。所以他让儿子在家学习,确保他不会浪费时间和同龄的孩子玩耍,或者从他们身上学到坏习惯。但是詹姆斯的教学方法并非简单的死记硬背,他使用苏格拉底的质询方法进行教学,鼓励儿子探索所学到的思想,而不是鹦鹉学舌。

这种教育方式的成果令人震惊。约翰3岁时就开始学习古希腊语,6岁时便写了一部罗马史,7岁时能够阅读《柏拉图对话集》的原文,8岁时开始学习拉丁文。到12岁时,他对历史、经济和政治有了透彻的了解,能够解开复杂的数学方程式,并对科学充满热情和浓厚的兴趣。他确实是个神童,20多岁时,就已经成为当时最杰出的思想家之一。然而他从未走出过畸形童年的阴影,一生孤独,难以与人接近。

不管怎么样,他真的成为天才,可以说他父亲的试验成功了。他是一个反对社会不公的活动家、早期的女权主义者(曾因提倡节育而被捕)、政治家和记者,还是一位伟大的哲学家,或许是19世纪最伟大的哲学家。

穆勒从小被培养成一个功利主义者,边沁对他的影响巨大,每年夏天,穆勒一家都会住进边沁在萨里(Surrey)乡下的家里。边沁认为产生最多幸福的行动总是正确的行动,尽管穆勒同意这个观点,但他渐渐认为老师把幸福描述为快乐的说法太粗糙了,因此,年轻的穆勒发展了自己的版本,把快乐区分为高等和低等两种。

如果让你选择,你想要做一只快乐的猪,心满意足地在泥泞的猪圈里打滚,大口吃着猪食,还是做一个悲伤的人?穆勒认为:很明显,我们会选择做一个悲伤的人,而不是一只快乐的猪。但这与边沁的理论相悖,你一定还记得,边沁说过：能否产生愉悦才是重要的，如何产生是不重要的。穆勒不同意这一点，他认为人可以拥有不同等级的快乐，有些快乐比其他快乐要好太多，无论多少低等的快乐都无法与之相比。低等的快乐，如动物可以体验到的快乐，永远无法挑战高等的、需要智力才能得到的快乐，比如读书或听音乐所产生的快乐。穆勒进一步表示，与其做一个满足的傻瓜，不如做一个不满足的苏格拉底，这是因为哲学家苏格拉底能够从自己的思想中获得微妙的快乐，这是傻瓜永远无法企及的。

读者为什么要相信穆勒的说法呢？他自己的回答是，任何经历过高等和低等快乐的人都更喜欢高等的快乐。猪既不识字，也听不懂古典音乐，所以它对这个问题的看法不算数。如果一头猪能读书，那么它会更愿意读书而不是在泥里打滚。

这就是穆勒的理论，但也有人指出，他假设每个人都宁愿读书也不愿在泥地里打滚，但是并非每个人都跟他一样。更难办的是，一旦引入快乐的不同层次，加上快乐还有数量上的差别，根本就很难计算。边沁的方法最大的优点之一就是简单，任何快乐和痛苦都用同一种度量衡来计算，而穆勒却没有给出如何换算高等和低等快乐的方法。

穆勒把功利主义思想运用到生活的各个方面。他认为人类有点像树木，如果得不到足够的发展空间，就会变得扭曲、脆弱。树苗一旦种在正确的位置上，就可发挥潜力，枝叶繁茂、又高又壮。同样，在适当的情况下，个人也会得到充分发展，这不仅会给个人，也会给整个社会带来好处，也就是会使幸福最大化。1859年,他出版了一本篇幅不长的书,论述了自己的观点,认为组织社会最好的方式是给予每个人空间,让他们按照适合自己的方式发展。这本书名为《论自由》(On Liberty),至今仍被广泛阅读。

家长主义(paternalism),又称父爱主义,这个词的词根来自拉丁语 pater,即父亲,家长主义是指出于对某人好而强迫其做某事。当然我们也可以称之为母爱主义(maternalism),拉丁语 mater 意为母亲。如果你小时候曾被大人逼着多吃绿色蔬菜,那么你一定能理解这个概念。你多吃绿色蔬菜对你父母和其他任何人都没有好处,但是你父母仍然逼你这么做,因为这对你自己的健康有好处。穆勒认为,家长主义如果是针对孩子,是可以接受的,因为孩子需要保护不受自己伤害,并且孩子的行为需要通过各种方式进行约束。但是在文明社会里,对成年人实行家长主义不可接受,唯一的例外是一个成年人的行为有可能伤害到他人,或者这个人有严重的精神问题。

穆勒希望传达的观念很简单,就是所谓的"伤害原则"(Harm Principle)。每个成年人都应该自由地过自己想要的生活,只要不伤害到其他人。在维多利亚时代的英国,这是一个具有挑战性的观点,当时许多人认为政府的部分作用是保证人民有良好的道德价值观。穆勒不同意这一观点,他认为更大的幸福来自个人在行为上有更多的自由。让穆勒担心的不仅仅是政府,而且还有他所说的"多数人暴政",即社会压力让许多人无法做自己想做的事，无法成为自己想成为的人。

穆勒指出，别的人可能认为他们知道什么能让你快乐，但他们通常都是错的。你想成就什么样的人生，你自己比别人要清楚得多，即使暂时还不清楚。最好的办法是让每个人自己摸索，而不是强迫其遵循某一种生活方式。这一观点与他那个版本的功利主义思想是一致的，因为他相信：总的来说，增加个人自由比限制自由更能带来幸福。

穆勒认为，天才（他自己就是）比普通人更需要自由才能得到发展。他们中大部分人举止行为古怪，不符合社会对他们的期许。如果限制他们的发展，受损失的是我们所有人，因为不受扼制的天才本可以为社会作出更大贡献。所以，如果想让社会的幸福度更高，就要让人们在不受干扰的情况下过自己的日子，当然，除非他们的行为可能伤害到其他人。你也许觉得其他人的所作所为冒犯了你，但这不足以让你阻止他们这样生活。穆勒在这一点上说得很清楚：不要把冒犯和伤害混为一谈。

穆勒倡导的做法可能会产生一些令人不安的后果。想象一下，一个没有家庭的男人决定每晚喝两瓶伏特加。很明显，他正走在酗酒而死的道路上。法律应该介入阻止他吗？不，穆勒认为，除非他这么做有伤害别人的风险。你可以和这个酗酒的人争论，告诉他，他这么做是在毁掉自己，但是没有人应该强迫他改变自己的生活方式，政府也不应该阻止他酗

第二十四章　成长空间

酒，这是他的自由选择。如果这个人要照顾年幼的孩子，那么他就没有这个自由选择了。但是如果没有人依靠他生活，他就可以做任何喜欢做的事情。

143　　除了生活方式的自由之外，穆勒还认为每个人都应该有思考和言论的自由，因为公开讨论对社会大有裨益，可以迫使人们认真思考自己的信仰。如果你的观点没有受到持相反观点的人的挑战，那么这些观点最终可能成为"僵死的教条"（dead dogmas），也就是无法真正捍卫的偏见。他主张的言论自由也是有界限的，不可煽动暴力。比如，记者有自由撰写社论，宣称"玉米贩子让穷人挨饿"，但如果他站在玉米贩子家门口的台阶上，面对愤怒的暴徒，挥舞着上面印有同样字样的标语牌，那就是在煽动暴力，这是穆勒的伤害原则所禁止的。

许多人不同意穆勒的观点。有些人认为，他对自由的看法过于集中于个体，认为个人对自己人生的感受才是最重要的。若拿他跟卢梭（见第十八章）相比，穆勒对自由的诠释更具个人主义色彩。还有一些人认为，穆勒打开了一扇通向纵容一切的社会的大门，在那样的社会里道德将会被永远摧毁。与他同时代的詹姆斯·菲茨詹姆斯·斯蒂芬（James Fitzjames Stephen）认为，大多数人应该被逼走上一条狭窄的人生道路，不要在生活方式上给予他们太多选择，因为如果任其自由选择，许多人最终做出的决定是糟糕的，只会走向自我毁灭。

穆勒的各种观点中，有一个在当时显得特别激进：他是一个女权主义者。在19世纪的英格兰，已婚妇女不允许拥有财产，对于丈夫的暴力和强奸几乎没有法律保护。穆勒在1869年出版的《妇女的屈从地位》(*The Subjection of Women*)中提出，男女之间无论在法律上还是社会生活中都应该得到平等对待。他身边有一些人声称女人天生就不如男人，对此他提出质疑：在妇女常常无法充分发挥其潜力，比如无法接受高等教育和不允许从事多种职业的情况下，他们是如何得出这一结论的？穆勒最希望实现的，是两性之间更多的平等，比如说婚姻应该建立在平等的两个人之间的友谊之上。他自己与寡妇哈丽特·泰勒(Harriet Taylor)的婚姻就是这样，给两人带来了巨大的幸福。哈丽特的第一任丈夫还在世时，他俩就是亲密的朋友，甚至可能是情人，但穆勒一直等到1851年才成为她的第二任丈夫。在哈丽特的帮助下，穆勒完成了《论自由》和《妇女的屈从地位》，不幸的是，她在这两本书出版之前就去世了。

《论自由》于1859年首次出版，同年还有一本更加重要的著作出版了：查尔斯·达尔文(Charles Darwin)的《物种起源》(*On the Origin of Species*)。

第二十五章

非超智慧设计

查尔斯·达尔文

"你祖母那边是猴子，还是你祖父那边是猴子？"1860年在牛津大学自然历史博物馆（Museum of Natural History）举行的一次著名辩论中，主教塞缪尔·韦伯佛斯（Bishop Samuel Wilberforce）非常无礼地向托马斯·亨利·赫胥黎（Thomas Henry Huxley）这样问道。赫胥黎当时正在为查尔斯·达尔文（1809—1882）的观点进行辩护。韦伯佛斯的问题既是一种侮辱，也是一个玩笑，但却事与愿违。听着主教的话，赫胥黎嘀咕道，"感谢上帝把他送上门来"，然后正色回答道，他宁愿和一只猩猩有血缘关系，也不愿和一个通过取笑科学观点来阻止辩论的人攀亲结缘。当然他其实可以解释一下，他祖父母两边都是类似猴子的动物后代，这种攀亲结缘不是发生在近期，而是发生在很久很久以前的某个时候。这就是达尔文提出的理论。每个人，如果一直往上追寻，都会在某一位置找到这样的祖先。

1859年《物种起源》出版后，这一观点几乎立刻引起了轩然大波。从那以后，再也不可能认为人类与动物王国的其他物种是完全不同的了。人类不再特殊，不过是大自然的一部分，就跟其他动物一样。你可能觉得这没什么可让人惊讶的，但对于大多数维多利亚时代的人来说，这却是令人震惊不已的理论。

你可能会认为，只要和黑猩猩或大猩猩在一起待上几分钟，甚至对着镜子仔细看看自己，就能看出自己与猿类很接近。但在达尔文的时代，几乎每个人都认为人与其他动物在根本上是不同的，人类与猿类是远亲的想法对大部分人来说都是荒谬的。很多人认为达尔文的观点不仅疯狂，而且是魔鬼作祟。一些基督徒坚持自己的信念，认为《创世纪》中讲述的上帝如何在六天内创造了所有动植物的故事是真的，上帝设计了这个世界中的一切，并将其安排到合适的位置上。这些基督徒相信，自创世纪以来，每一种动植物都保持不变。即使在现在，仍有一些人拒绝相信人类今天的样子是通过进化而来的。

达尔文是生物学家和地质学家，并不是哲学家，所以你也许很疑惑为什么本书中有一章是关于他的。原因很简单，达尔文的自然选择进化学说，以及由此发展而来的现代进化理论，对哲学家和科学家在看待人类这个问题上产生了深远的影响。进化论是有史以来最具影响力的科学理论，当代哲学家丹尼尔·丹尼特（Daniel Dennett）称之为"有史以来最好的一个想法"。这个理论解释了人类以及动植物是如何成为现在这个样子、如何继续演化的。

进化论诞生的结果之一，是人们比以往任何时候都更容易接受上帝不存在这一观点。动物学家理查德·道金斯（Richard Dawkins）曾写道："我无法想象在1859年达尔文出版《物种起源》之前成为一个无神论者是什么样子。"当然在1859年之前，不是没有无神论者，比如大卫·休谟（见第十七章）就很可能是一个无神论者，但是在这之后，无神论者的数量就多了很多。你不必是一个无神论者也能相信进化论是正确的，许多宗教信徒同时也相信进化论。但他们不可能既相信进化论，同时又相信上帝在创造物种时就把一切都设计成了今天这个样子。

青年时期的达尔文曾乘坐英国皇家海军小猎犬号（HMS Beagle）进行了为期5年的远航，到访过南美洲、非洲和澳大利亚。不论对谁，这样的远航都是一生中最重大的探险旅程。在此之前，他并不是一个特别突出的学生，没有人期望他会对人类思想做出如此深远的贡献。在学校里他不是天才，他父亲很肯定他将浪费青春，成为家族的耻辱，因为他把时间都花在了打猎和射杀老鼠上。他曾在爱丁堡（Edinburgh）

学医，但是学业无成，转而到剑桥大学（Cambridge University）学习神学，打算成为一名牧师。他热爱自然，业余时间积极收集植物和昆虫，但那时候还看不出来他会成为历史上最伟大的生物学家。从许多方面看，他似乎都有点迷茫。他真的不知道自己想做什么，但是小猎犬号的远航改变了他。

这次航行是一次环球科学考察，一部分任务是绘制沿途所到之处的海岸线。尽管达尔文并不够格，但还是得到机会担任船上的正选植物学家。在旅途中，每次抛锚登岸，他都对当地的岩石、化石和动物进行详细的观察记录。船上很快就装满了他收集的样本，幸运的是，他把大部分样本都成功送回英国，存放起来做进一步研究。

在这次航行中，访问科隆群岛（Galapagos Islands）的价值远远超过其他所有地点。这是太平洋上的一组火山岛，距离南美洲大陆约 500 英里[1]，小猎犬号于 1835 年到达那里。岛上有许多有趣的动物可以研究，包括巨型海龟和喜爱海洋的鬣蜥，但对达尔文的进化论来说，最重要的发现是一批看起来相当单调的雀类，虽然当时他并没有认识到这一点。他射杀了许多这样的小鸟，并送回英国。后来经过深入研究，发现其中有 13 个不同的种类，它们之间的细微差别主要体现在喙上。

达尔文回国后，放弃了成为牧师的计划。当他还在海上

1　约合 800 公里。——译注

时,让人送回英国的动植物标本已经使他在科学界声名鹊起。他成为一名全职自然学家,花费多年时间研究进化论,并成为一名顶尖的藤壶专家。藤壶是一种类似帽贝的小型动物,附着在岩石和船体上。他思考得越多,就越相信物种是通过自然过程进化形成的,并且一直在继续变化,而不是固定不变的。最终,他提出的理论是,适应环境的动植物更有机会将自己的一些特征遗传给后代。在很长一段时间后,通过这一过程演变而成的动植物看上去似乎就是被设计成专门生活在所处环境中的那样。科隆群岛提供了一些最好的证据来支持进化的作用。例如,达尔文认为,在历史上的某个时刻,也许是因为强风,雀类从南美洲大陆来到这里,经过千万代的繁衍,每个岛屿上的雀类都逐渐适应了自己所生活的环境。

不是所有同种的雀都是一模一样的,通常会有很多变异。例如,有一些的喙可能比另一些略微尖一些,如果这种喙能够帮助雀存活更长的时间,那么有这种喙的雀就更有可能繁衍下去。例如,一些雀的喙很方便用来吃种子,那么它们就会在有很多种子的岛上生活得很好,而在另一个主要食物来源是坚果的岛上却生活得不太好,因为坚果需要先敲开才能食用。如果一些雀因为喙的形状而很难找到食物,就很难存活足够长时间来进行交配和繁殖后代,因此这种类型的喙便不太可能遗传下去。拥有适合现有食物供应的喙的雀类更有可能将这一特征遗传给后代,因此,在一个种子丰富的岛屿上,长着适合吃种子的喙的雀便占据了主导地位。千万年后,

第二十五章 非超智慧设计

一个新物种就进化生成了,与登陆上岛的原始物种大不一样。如果雀的喙长得不合适,就会逐渐灭绝。条件不同的岛上会演化出稍有不同的雀类,很长一段时间后,喙就变得越来越适应当地的环境,因此最适合当地特定环境的雀类数量就变得最大。

在达尔文之前,已经有一些人认为动植物是进化而来的,其中就包括他的祖父伊拉斯谟斯·达尔文(Erasmus Darwin)。达尔文对这种观点的补充是提出了自然选择的适应理论,即最适应环境的物种最有可能将自己的特征一代代传递下去。

这种为生存而做的挣扎可以用来解释一切,不仅是不同物种之间有竞争,同一物种的不同成员之间也存在相互竞争,都是为了把自己的专属特征传给下一代。这就可以解释为什么动植物看起来就像是由一个智慧头脑发明出来的一样。

进化的过程本身没有意识,也没有上帝在后面操作,或者至少可以说进化不需要有什么东西在背后操作。进化是一个非人性化的过程,就像机器一样不停地自动工作。进化是盲目的,不知道要去往哪里,不会去思考这一过程会产生什么样的动植物,也不关心其生死。当我们看到经由进化产生的动植物时,很难想象它们不是精心设计出来的,但这是一种误解。达尔文的理论提供了一个更简单、更优雅的解释,还解释了为什么生命有这么多不同种类,因为不同的物种都在试图适应自己所生活的环境。

一直到1858年，达尔文都没有公开发表自己的理论，他还在不断修改推敲自己的论述，希望以最清晰准确的方式呈现。此时另一位自然学家阿尔弗雷德·拉塞尔·华莱士（Alfred Russel Wallace，1823—1913）写信给他，简单描述了自己的想法，与达尔文的进化论非常相似。这一巧合促使达尔文将自己的理论公之于众，先是在伦敦的林奈学会（Linnean Society）做的一次演讲中做了陈述，然后在第二年，即1859年，出版了《物种起源》一书。达尔文毕生致力于研究进化论，不希望华莱士比他先一步发表。此书一出，立刻引起轰动。

一些人在读过此书后很是不以为然，小猎犬号船长罗伯特·菲茨罗伊（Robert FitzRoy）就是一个例子。他自己就是一个科学家，还发明了天气预报系统，但同时也虔诚地相信《圣经》中的创世故事，对自己参与破坏宗教信仰感到沮丧，希望从来没有把达尔文带上过船。即使在今天，仍有神创论者相信《创世纪》中的故事是真实的，是对生命起源的确切描述，但是绝大部分科学家都相信达尔文的理论解释了进化的基本过程。这在一定程度上是因为自达尔文以后，大量研究结果不断涌现，支持进化论及其后来的版本。例如，遗传学已经详细解释了遗传是如何发生的，我们了解到基因和染色体，以及传递特定生物性状所涉及的化学过程，今天的化石证据也远比达尔文时代的证据更具说服力。因此，通过自然选择发生进化的理论远远不"仅仅是一个假说"，而是一个有着大量证据支持的假说。

达尔文主义基本上摧毁了传统的设计论证,动摇了许多人的宗教信仰,但是达尔文自己似乎对上帝是否存在的问题持开放态度。他在写给一位科学家的信中表示,我们没有能力就这个问题得出结论。"整个主题对于人类智力来说太深奥了,"他还解释说,"就像要求一只狗对牛顿的思想进行揣测一样。"

但是有一位思想家愿意对宗教信仰进行揣测,而且跟达尔文不一样,他把宗教信仰作为一生工作的中心,他就是索伦·克尔恺郭尔(Søren Kierkegaard[1])。

---

[1] 也译为"祁克果"——译注

第二十六章
生命中的牺牲
索伦·克尔恺郭尔

亚伯拉罕（Abraham）接到一条来自上帝的旨意，一道极为恐怖的命令：他必须牺牲唯一的儿子以撒（Isaac），把他献祭给上帝。亚伯拉罕陷入深深的痛苦之中，他爱自己的儿子，但同时也是一名虔诚的信徒，知道必须顺服上帝旨意。在《旧约全书·创世纪》（*Old Testament*）里的这个故事中，亚伯拉罕把儿子带到摩利亚山（Mount Moriah）顶，把他绑在石祭坛上，准备按照上帝的指令用刀杀死他。在最后一刻，上帝派来的天使出手阻止，最后亚伯拉罕牺牲了一只被困在附近灌木丛中的公羊用作献祭。作为对亚伯拉罕忠诚的奖赏，上帝让他的儿子活了下来。

人们通常认为这个故事的寓意是"保持信仰,执行上帝的旨意,一切都会变得更好"。其中最重要的是不要怀疑上帝的命令。但是丹麦哲学家索伦·克尔恺郭尔认为,事情并不是那么简单。在他的著作《恐惧与战栗》(*Fear and Trembling*,1842)中,他试图想象亚伯拉罕在从家中到摩利亚山顶那三天的心路历程。亚伯拉罕知道,抵达山顶之日,就是亲手杀死以撒之时,在这三天里,他心中有着什么样的疑问、恐惧和痛苦?

克尔恺郭尔是个很古怪的人,他住在哥本哈根,与周围环境格格不入。白天,人们常常看见这个瘦小的男人行走在城市街头,与同伴轻声交谈。他喜欢把自己想象成丹麦的苏格拉底。晚上,他会站在桌子前写作,周围点着蜡烛。他有一个怪癖,就是常常在一出戏的中场休息时出现,让人以为他玩得很开心,其实他根本就没有看戏,大部分时间都在家里忙于写作。他是一名勤奋的作家,但在个人生活方面,却必须做出痛苦的选择。

他爱上了一个年轻的姑娘,雷吉娜·奥尔森(Regine Olsen),并向她求婚。她同意了,但他却担心自己过于忧郁,过于虔诚,不适合结婚。他担心人生会像自己姓氏 Kierkegaard 所暗示的那样(在丹麦语中意为"坟场")暗淡,于是写信给雷吉娜,说不能和她结婚,并退回了订婚戒指。他对自己的决定内疚不已,以后的许多夜晚,都在床上哭泣。雷吉娜伤心欲绝,恳求他回心转意,克尔恺郭尔却拒绝了。

在那之后，他大部分作品的主题都是探讨选择什么样的人生，以及知道自己的决定正确与否是一件多么困难的事，这些主题并非巧合。

他最著名的作品《非此即彼》(Either/Or) 的标题就包含了如何选择的意思。这本书让读者在追求快乐美好的生活与基于传统道德规则的生活之间做出选择，在肤浅浮华和恪守伦理之间做出选择。不过，他在整个写作生涯中，都不断回到对上帝的信仰这个主题上来。亚伯拉罕的故事便是其中的核心。在克尔恺郭尔看来，信仰上帝并不是一个简单的决定，而是要求在完全无法知晓未来时纵身一跃，因此在做出决定前，必须对上帝抱有信仰，即使将要做的事情违背了传统观念。

如果亚伯拉罕杀死了自己的儿子，他就做了一件有违伦理的事情。父亲有保护照顾儿子的基本责任，当然不应该把儿子绑上祭坛，在宗教仪式中割断他的喉咙。上帝要求亚伯拉罕做的就是无视伦理，全身心投入信仰。在《圣经》中，亚伯拉罕此举被描述成令人钦佩的行为，因为他无视正常是非观念，准备牺牲自己的儿子。然而，他就不会是犯了一个可怕的错误吗？如果他收到的命令不是真的来自上帝呢？也许只是一种幻觉，也许亚伯拉罕疯了，脑子里幻想出一些声音。他怎么能确定这一点呢？如果亚伯拉罕事先知道上帝在最后一刻会出手制止，对他来说就不是什么艰难的选择了。但是，当他举起利刀时，真的相信会亲手杀了儿子。正如《圣经》所说，这一点才是关键。他的信仰之所以如此之深，是因为相信上帝，而不是传统的道德观念，否则就不叫信仰了。信仰是有风险的，而且也是非理性的，你信仰什么不是通过理智分析得出的结论。

克尔恺郭尔认为，有时候，通常的社会责任，例如父亲应该保护儿子，并不是最高的价值观。服从上帝胜过做一个好父亲的责任，甚至胜过任何其他的责任。从人性的角度看，单单亚伯拉罕考虑要牺牲掉自己的儿子这一点都显得冷酷无情、毫无道德。但是，上帝的旨意可以比作是一张王牌中的王牌，不管旨意的内容如何，人类的道德都不再重要。但不可否认的是，那些为了信仰而放弃伦理道德的人，在做出决定时仍然是痛苦的，因为他们冒着可怕的风险：不知道这样做可能会有什么好处，也不知道接下来会发生什么，而且还不清楚旨意是否真的来自上帝。选择这条道路的人是完全孤独的。

克尔恺郭尔是一个基督徒，但却憎恶丹麦教会，基督徒沾沾自喜的行为方式让他无法接受。在他看来，宗教是一个令人揪心的选择，而不是在教堂唱歌的温馨借口。他认为，丹麦教会歪曲了基督教，其教徒并不是真正的基督徒。毫不奇怪，这些观点让他很不受欢迎。跟苏格拉底一样，他的批评意见和尖锐言论惹恼了身边的很多人。

这一章写到这里，我似乎显得很肯定上面提到的确实是克尔恺郭尔的理念，但是要理解他在任何一本书中希望表达的真实思想其实并不容易。这绝非偶然，因为他是一个鼓励读者独立思考的作家。他很少用自己的真名写作，而是采用笔名。例如，他在写《恐惧与战栗》时，用的是约翰·德·西伦提奥（Johannes de Silentio）这个名字，意为"沉默的约翰"。这么做并非为了避免人们发现这些书作者的真实身份，其实很多人马上就能猜到作者是谁，也许这就是他希望发生的情况。在克尔恺郭尔的创作中，虚构的作者是一个角色，提供一种看待世界的方式，这是他使用的技巧之一，在讨论某个话题时让读者清楚他的立场，并鼓励读者参与辩论。阅读时，通过角色的眼睛看世界，然后对其人生态度做出判断。

阅读克尔恺郭尔的作品几乎就像在读一部小说，他经常使用虚构的叙事来探讨思想。在《非此即彼》(1843)这本书中，虚构的编辑维克多·埃莱米塔（Victor Eremita[1]）写道，他在一张二手书桌的秘密抽屉里发现了一份手稿，而这份手稿构成了这本书的主要内容。埃莱米塔还发现手稿是由两个不同的人写成，他称这两位作者为 A 和 B。A 是一个寻求快乐的人，他的人生就是不断寻找新的刺激来避免无聊。他以日记的形式讲述了一个勾引年轻女子的故事，读起来就像一篇短篇小说，在某种程度上带有克尔恺郭尔与雷吉娜关系的影子，然而，与克尔恺郭尔不同，A 只在乎自己的感受。这本书第二部分的作者 B 似乎是一位为恪守道德进行辩护的法

---

[1] 意为"胜利的隐士"。——译注

官。第一部分的风格反映了 A 的兴趣所在，其中有一些关于艺术、歌剧和勾引女性的小片段，似乎作者无法长时间专注于某一个话题。第二部分的写作风格严肃、冗长，反映了法官的人生观。

顺便说一句，如果你还在为可怜的雷吉娜·奥尔森遭到抛弃而感到难过的话，其实大可不必。她在结束了与克尔恺郭尔艰难的分分合合之后，嫁给了一名公务员，似乎一直都过得很幸福。然而，克尔恺郭尔却终身未婚，分手后甚至再未有过女朋友。雷吉娜确实是他一辈子的真爱，他的人生短暂而痛苦，42 岁便离开了人世，这段失败的恋情几乎是他一生中所有作品的灵感源泉。

跟许多哲学家一样，克尔恺郭尔在生前没有得到太多赞赏。然而，在 20 世纪，他的作品开始受到存在主义者（existentialist）的欢迎，比如让－保罗·萨特（Jean-Paul Sartre，见第三十三章），这些人特别赞赏他的作品中有关在没有既定指引的情况下做出痛苦抉择的论述。

在克尔恺郭尔看来，做出选择时的主观视角、个人的经历等都非常重要，但卡尔·马克思则有着更为广阔的视野。跟黑格尔一样，马克思对历史如何展开以及背后的推动力有着宏大的构思。与克尔恺郭尔不同，马克思对通过宗教进行救赎不抱有任何希望。

第二十七章
全世界无产者联合起来
卡尔·马克思

19世纪，英格兰北部有成千上万的棉纺厂。黑烟从高高的烟囱中涌出，污染了街道，所有东西都蒙上了一层黑灰。车间里，男人、女人和孩子每天长时间劳作，通常的工作时间是14小时，保证纺纱机持续运转。他们算不上奴隶，但报酬却很低，工作条件艰苦，而且往往很危险。注意力稍不集中，就可能会被卷入机器中，断手断脚甚至丢掉性命，而可能得到的治疗却非常有限。但是，他们别无选择：不工作就会挨饿。如果辞工不干，也许就再也找不到工作。在这种条件下工人寿命很短，在他们短暂的一生中，属于自己的时间也非常少。

与此同时，工厂主却越来越富有。他们关心的主要就是如何赚钱。他们拥有资本，可以用来赚更多钱，他们拥有厂房和机器，甚至可以说拥有工人。而工人们却几乎一无所有，唯一能做的，就是出卖自己的劳动力，帮助工厂主致富。他们通过自己的劳动为工厂主购买的原料增加了价值，当棉花买来时，其价值远远低于布匹离开工厂时的价值。但是，当产品卖出时，这些附加值大部分都流向了工厂主。至于工人，工厂主尽可能地压低工资，往往只够他们活着。工人们没有工作保障，如果产品市场需求下降，就会被解雇，如果找不到新的工作，就会悲惨死去。在20世纪30年代，当德国哲学家卡尔·马克思（1818—1883）开始写作时，这就是工业革命在英国乃至整个欧洲造成的悲惨局面。这让他非常愤怒。

马克思是一个平等主义者（egalitarian）：他认为所有人都应该得到平等对待。但在资本主义制度下，通常靠继承财产致富的有钱人，变得越来越富有，而那些除了劳力之外一无所有的人却过着悲惨的生活，饱受剥削。在马克思看来，整个人类历史都可以解释为一场阶级斗争史：一方是富有的资产阶级，又称为布尔乔亚（bourgeoisie），另一方是工人阶级或称无产阶级。双方的关系阻碍了人类发挥自己的潜力，并且把工作变成了一桩痛苦的事情，而不是一种满足自身的行为。

马克思精力充沛，出了名的爱惹麻烦。他一生大部分时间都生活在贫困中，为逃避迫害，从德国搬到巴黎，又搬到布鲁塞尔，最后在伦敦安了家。他和7个孩子、妻子燕妮（Jenny），还有一个女佣海伦·德穆特（Helene Demuth）住在一起。他的朋友弗里德里希·恩格斯（Friedrich Engels）帮他找了一份为报纸写稿的工作。但是马克思一家永远都缺钱，经常生病，挨饿受冻，他的孩子中有三个都不幸在成年之前夭折。

在后来的许多日子里，马克思都会步行去往伦敦大英博物馆（British Museum）的阅览室看书、写作，或者待在苏豪区（Soho）拥挤不堪的公寓里，向燕妮口述，因为他的字写得实在太糟，有时连自己都看不懂。在这种困难的条件下，他创作了大量的专著和文章，足有50册之厚。他的思想改变了千百万人的生活，有些人的生活变好，但是无疑另一些人的生活变糟。不过，在当时，他在别人眼中不过就是个古怪的人，也许还有点疯狂。很少有人能预见到他会产生多大的影响力。

马克思站在工人一边，认为他们受到整个社会结构的压榨，不能真正像人一样生活。工厂主意识到如果他们把生产过程分解成许多小任务，就可以生产更多的产品。每个工人都可以专门从事生产线上的某项特定工作，但这使得工人的工作变得更加单调乏味，因为他们被迫一遍又一遍做着无聊、重复的动作，而不是参与整个生产过程，同时挣到的钱也仅仅够养活自己。他们不但没有机会发挥创造力，反而被日渐消磨，变成了巨型机器内部的一个齿轮，存在只为了让工厂主更加富有。好像他们根本不是真正的人，只是需要被喂饱的胃，以保持生产线的运转和资本家获取更多的利润，即被马克思称之为工人劳动创造的剩余价值（surplus value）。

所有这一切对工人的影响就是马克思所说的异化（alienation）。这个词有好几层意思，工人与他们作为人的真实存在产生了距离，发生了异化；他们制造的东西也让他们发生了异化，工人越努力，产品越多，他们为资本家创造的利润就越多，产品似乎在向工人实施报复。

但对工人阶级来说，尽管他们生活悲惨，而且人生历程完全由经济环境控制，但并非毫无希望。马克思认为资本主义最终会自我毁灭，无产阶级注定要在一场暴力革命中夺取世界。最终，在所有这些流血事件过后，将诞生一个更美好的世界，人们不再受剥削，而是可以充分发挥创造力、彼此合作。每个人都会尽其所能为社会做出贡献，而社会反过来也会为人们提供一切："各尽所能，各取所需。"这是马克思描绘的美好愿景。通过夺取工厂控制权，工人们可以确保每个人都能得到自己需要的东西，没有人会缺衣少食或无家可归。这个未来就是共产主义（communism），一个基于分享合作带来利益的世界。

马克思认为，他对社会发展方式的研究揭示了这种未来是不可避免的，是历史发展的一个环节。在他与恩格斯共同写成、于1848年出版的《共产党宣言》（*Communist Manifesto*）中，他号召全世界的工人团结起来，推翻资本主义。其中他们采用了和让-雅克·卢梭《社会契约论》（见第十八章）开篇类似的句子，宣称工人们失去的只是锁链。

马克思的历史观受到黑格尔的影响（第二十二章讨论的主题）。正如之前已经看到的，黑格尔宣称万物背后都有一个潜在的结构，我们正在逐渐进入一个将以某种方式实现自我意识的世界。马克思从黑格尔哲学中拿来的观点是，进步是不可避免的，历史是有规律的，而不仅仅是一个接一个发生的事件。但在马克思的理论中，进步的发生是由经济力量推动的。

在马克思和恩格斯所描述的未来中，取代了阶级斗争的，是一个没有私有土地、废除了继承权、教育免费、公共拥有的工厂为每个人提供一切的世界。在这个世界中，宗教和道德也不再需要。马克思说过一句非常著名的话，"宗教是麻痹人民的鸦片"，意思是宗教就像毒品一样，让工人阶级处于昏昏欲睡的状态，这样他们就不会意识到自己受压迫的真实状态。在革命之后的新世界里，人类将实现自己的人性，工作将是有意义的，他们将以有利于所有人的方式进行合作。革命是实现这一切的途径，这意味着暴力，因为富人不可能不经过斗争就放弃自己的财富。

马克思认为过去的哲学家只是描述了世界，而他想要改变世界。他这么说有点不公平，因为过去许多哲学家的思想都带来了道德和政治上的变革，但是马克思主义确实比绝大多数哲学理论产生了更强的效果。它在世界各地传播，激发了1917年俄罗斯以及其他地方的革命。不幸的是，俄罗斯革命后出现的庞大新兴国家、领土覆盖了俄罗斯及其邻国的苏联，以及20世纪按照马克思主义理论建立起来的大多数共产主义国家，都发生了压迫、低效和腐败的现象。在全国范围内统一规划组织生产比想象的要难得多。马克思主义者声称，这并不会损害马克思主义思想本身，目前有一些人仍然相信马克思关于社会的观点基本上是正确的，只是管理者没有按照真正的共产主义路线来做。其他人则指出，人性使我们比马克思想象的更乐于争斗、更为贪婪，共产主义国家中的人们完全合作是不可能实现的，这不是我们的本性。

当马克思因肺结核于1883年去世时，很少有人能预见到他对后世的影响，似乎他的想法会和他一起安葬在伦敦的海格特公墓（Highgate Cemetery）里。恩格斯为他撰写的墓志铭是："他的名字将流芳百世，他的作品将传诵千古。"这在当时看来似乎只是一厢情愿的想法。

马克思的主要兴趣在于经济关系，因为在他看来，经济关系塑造了我们现在和将来的一切。哲学家、实用主义者（pragmatist）威廉·詹姆斯（William James）谈到思想的"兑现价值"（cash value）时，他所表达的含义却完全不同，他想说的，是一种思想会导致什么样的行动，会给世界带来什么样的变化。

第二十八章
那又如何？
C.S.皮尔斯和威廉·詹姆斯

一只松鼠紧紧抓住大树的树干，树的另一边有一名猎人在找树背后的这只松鼠。但是，每当猎人沿着树干向左边移动时，松鼠也迅速地向自己的左方移动，始终紧贴着树干，每次都躲开了猎人的视线。僵持了几个小时之后，猎人始终没有找到这只松鼠。现在要问你的问题是：猎人是在围着松鼠打转吗？

你的反应也许是："问这干吗？"同样的问题，美国哲学家、心理学家威廉·詹姆斯（1842—1910）也曾遇到过。一次，他见到一群朋友正为这个问题争论不休，他的第一反应大概和你差不多。他的朋友们无法达成一致，但是从他们讨论这个问题的态度来看，仿佛能通过讨论得出能够回答这个问题的绝对真理一般。其中一些人说猎人是在围着松鼠打转，另一些人则说肯定不是。他们认为詹姆斯或许能帮助回答这个问题。詹姆斯并没有直接问朋友干吗问这个问题，而是基于他的实用主义哲学给出了详尽的回答。

他的回答是：如果"打转"的意思是猎人首先在松鼠北边，接着是东边、南边、西边，那么他的确是在围着松鼠打转；但是如果你采用"打转"的另一个意思，指猎人首先在松鼠前面，然后在松鼠的右边、后面、左边，那么答案是否定的。因为松鼠的腹部总是面对着猎人，所以猎人没有围着松鼠打转，他们总是像捉迷藏一样，隔着树干面对面，却没有视线的交错。

这个例子表明了实用主义关注的是实质性的结果，也就是思想的"兑现价值"。如果答案没有实质性结果，那么做出什么决定也就无关紧要。这完全取决于你为什么想知道答案，以及答案会带来什么实质性的结果。在这个例子中，除了人们为什么要回答这个问题，以及"打转"在这里的确切含义之外，再没有什么更多的真相可言了。如果没有什么实质性的结果，就并不存在什么真相。在詹姆斯看来，并不存在绝对的真理等着人们去发现，行之有效的即为真理，真理是那些对我们人生有益处的东西。

实用主义是 19 世纪末在美国流行的一种哲学方法，始于美国哲学家和科学家 C. S. 皮尔斯（1839—1914），他希望让哲学变得比以前科学化。皮尔斯认为，一个真实的陈述必须有可能通过实验或观察来支持。如果你说"玻璃是脆的"，那是因为你可以用锤子把玻璃敲成碎片，而不是因为玻璃拥有什么无形的"脆性"。"玻璃是脆的"这个陈述为真，就是基于锤子敲击玻璃会造成的后果这样一个事实。同样，"玻璃是透明的"这个陈述也为真，因为你可以透过玻璃看到背后的东西，而不是因为玻璃有什么神秘的特性。皮尔斯痛恨抽象理论，认为抽象理论在实践中没有任何作用，都是无稽之谈。真相在他看来，就是在进行了所有可能的实验、做了所有的调查研究之后能够得到的结论。这与 A. J. 艾耶尔的逻辑实证主义（logical positivism）很相似，也是第三十二章的主题。

了解皮尔斯的人不多，但威廉·詹姆斯却很出名。詹姆斯是一位优秀的作家，作品并不亚于他声名远播的弟弟、小说家亨利·詹姆斯（Henry James），甚至可以说更加优秀。当詹姆斯和皮尔斯都在哈佛大学（Harvard University）当讲师时，两人在一起花了很多时间讨论实用主义。詹姆斯发展了一个自己的版本，并通过撰写论文和发表演讲进行推广，使之流行起来。他认为实用主义可以归结为一句话：行之有效的即为真理，不过，他对什么是"行之有效"却含糊其词。詹姆斯是一位早期的心理学家，但他的兴趣不限于科学，对于什么是对、什么是错，以及宗教问题都很感兴趣。事实上，他最有争议的作品就是关于宗教的。

詹姆斯的哲学理论与传统的真理观有很大的不同。传统上，真理意味着与事实相符。一句陈述如果准确地描述了世界上的某种情况，即为真。"猫在垫子上"这句话，当猫真的坐在垫子上的时候是正确的，而当猫不在垫子上的时候则是错误的，比如猫在花园里抓老鼠的时候这句话就不可能为真。但是，根据詹姆斯的实用主义理论，"猫在垫子上"这句话如果为真，那一定是因为如果我们相信它为真，就能为我们带来有用的实质性结果，也就是对我们有用。比如说相信"猫在垫子上"意味着我们知道在猫离开之前不要把宠物仓鼠放出来在垫子上玩。

当我们使用"猫在垫子上"作为例子时，实用主义理论似乎不会令人不安或有什么重要性，但是试着用"上帝存在"作为例子，你觉得詹姆斯的观点会是怎样？

上帝真的存在吗？你怎么认为？对这个问题主要就那么几个可能的回答："是的，上帝确实存在"，"不，上帝不存在"，以及"我不知道"。如果你愿意回答这个问题的话，答案无非其中之一。这三种立场各有名称，分别是有神论（theism），无神论（atheism）和不可知论（agnosticism）。回答"是的，上帝确实存在"的人通常是说他们相信在某个地方有一个至高无上的存在，哪怕世界上没有一个活人，哪怕人类从来没有出现过，"上帝确实存在"的说法也是真的。"上帝存在"和"上帝不存在"到底是真还是假，与我们如何看待这个问题无关。我们认为它们是真是假并不能改变它们是真是假的事实，我们只能希望自己的想法恰好是对的。

但是，詹姆斯对此的分析却截然不同。他认为上帝存在，因为在他看来，这是一个有用的信念。他是通过分析相信上帝存在能带来什么样的好处来得出这个结论的。在詹姆斯看来，宗教信仰可能产生的广泛影响是一个重要的问题，他1902年出版的著作《宗教经验之种种》(*The Varieties of Religious Experience*)就专门研究了这个问题。他认为，说上帝确实存在，仅仅意味着相信上帝存在对信徒们有好处。这是一个奇特的理念，有点像第十二章中帕斯卡的观点：不可知论者能够通过相信上帝存在而受益。但是，帕斯卡认为"上帝存在"为真，是因为上帝真的存在，而不是因为相信上帝能让人感觉更好或者能让人变得更好，他的"帕斯卡的赌注"理论只是为了说服不可知论者接受他所认为的真理而采取的一种方式。但是在詹姆斯看来，"上帝存在"为真的原因，不过是基于一个假定的事实，即相信上帝存在能够"带来令人满意的结果"。

要弄清楚他的这个理念，还可以用"圣诞老人存在"作为例子。真的有圣诞老人吗？是不是每个圣诞节前夜都会有一个笑眯眯、红脸膛的大个子男人从你家烟囱里滑下来，带着一袋子礼物？如果你相信这是真的，那么就别接着读下面这一段了。不过，我猜你不是真的相信有圣诞老人，尽管你可能觉得如果真有圣诞老人也挺好的。英国哲学家伯特兰·罗素曾经以这个例子来嘲笑威廉·詹姆斯的实用主义理论，说

第二十八章 那又如何？

如果依照詹姆斯的理论，他必须相信圣诞老人是存在的，因为詹姆斯认为一个陈述是否为真的唯一原因是相信这一陈述会带来的实质性影响。至少对于大多数孩子来说，相信圣诞老人是件好事，这让圣诞节成为一个非常特殊的日子，让孩子们听话守规矩，也让他们在圣诞节即将到来的日子里有一个关注的焦点。总而言之，在很大程度上，相信圣诞老人存在对孩子们有好处，所以根据詹姆斯的理论，圣诞老人存在必须为真。问题在于，某个说法是真的，与如果某个说法是真的也挺好，是两种不同的情况。詹姆斯可以为自己辩解说，虽然相信圣诞老人对小孩子有好处，但这并不适用于每个人。如果父母相信圣诞老人会在平安夜送礼物，那么他们就不会在圣诞节之前去给孩子们买礼物了。只要等到圣诞节的早晨，人们就能明白单单相信"圣诞老人确实存在"并没有实际的用途。但如果这样的话，那是不是说对于小孩子来说圣诞老人存在是真的，但对于大多数成年人来说却是假的呢？这难道不会让真理变得主观吗？真理成了我们对事物的感受而不是世界的本来面目？

再举一个例子。我怎么知道别人是否有思想？根据我自己的经验，我知道我不是一个没有思想的僵尸，我有自己的思考和意愿，等等。但是我怎么知道周围的人是否有思想呢？也许他们没有意识，他们会不会是没有思想、只会机械运动的僵尸呢？这就是哲学家们长期以来一直操心的"他者思想"问题（Problem of Other Minds），很难解决。詹姆斯的回答是，别人有头脑这一点肯定是真的，否则我们就不能满足自己被别人认可和欣赏的愿望。这是一种奇怪的说法，让他的实用主义听起来非常像是一厢情愿的想法，也就是，相信你希望成为真实的东西，无论其究竟是否为真。但是，如果仅仅因为赞美你的人拥有思想而不是没有意识的机器，这一点能让你开心，并不能说明他们确实真有思想，他们仍然可能是没有任何内心活动的一种东西。

在 20 世纪，美国哲学家理查德·罗蒂（Richard Rorty，1931—2007）继承了这种实用主义思想。和詹姆斯一样，他认为文字是一种工具，为我们所用，而不是某种反映周围世界的符号。语言让我们应对世界，而不是复制世界。他宣称"真理是你同代人容忍你得逞的东西"，历史上没有一个时期比其他时期更接近真理。罗蒂相信，当人们描述世界时，就像文学评论家对莎士比亚的戏剧进行解读一般，不存在一种我们都应该同意的正确阅读方式，不同的人在不同的时候对文本有不同的理解。罗蒂认为不存在什么永远正确的观点，或者至少这是我对他作品的理解。罗蒂大概认为，对于他的观点也不存在正确的解读，就像猎人是否在围着松鼠打转一样没有正确答案。

对弗里德里希·尼采（Friedrich Nietzsche）的著作是否有正确的解释？这也是一个有趣的问题。

第二十九章

上帝已死

弗里德里希·尼采

"上帝已死"是德国哲学家弗里德里希·尼采（1844—1900）最著名的一句话。但是上帝怎么会死呢？上帝应该是永生的，也就是永远活着，不会死的。在某种程度上，这句话的核心也就在这里，它听上去非常奇怪，是作者的故意为之。尼采特意在上帝不会死这一点上做文章，他并不是说上帝曾经存在过而现在已经不存在了，而是说对上帝的信仰已经不再合理。尼采在其著作《快乐的智慧》（*Joyful Wisdom*，1882）[1]中让一个提着灯笼到处寻找上帝却找不到

---

[1] 又译为《欢悦的智慧》。——译注

的人说出了这句话，村民们以为他疯了。

尼采颇为与众不同。他24岁就受聘成为巴塞尔大学（University of Basel）的教授，当时看起来在学术研究上将一帆风顺、前途无量。但是他性格古怪、思想独特，无法融入社会或服从常规，而且似乎也乐于让自己的日子不好过。他在1879年时离开了这所大学，部分原因是身体欠佳，之后去了意大利、法国和瑞士旅行，写了一些书，当时几乎没有人看，现在却是著名的哲学和文学作品。他的心理健康日渐恶化，晚年大部分时间都在精神病院度过。

与康德有条不紊阐述观点形成鲜明对比的是，尼采的观点像是从各个角度向你袭来。他的大部分作品都是短小、支离破碎的段落，甚至就是简短的一句话评论，有些带着讽刺，有些颇为真诚，还有许多显得傲慢、带有挑衅性。阅读尼采的作品，有时候感觉他好像在对你大喊大叫，有时候又像是在你耳边轻声诉说奥秘。他常常想要读者站在他那一边，仿佛在对读者说，你我都很明白到底是怎么回事，但是那些笨蛋却看不清。他不断讨论的一个主题是道德的未来。

如果上帝已死，接下来会发生什么？这是尼采的自问。他的回答是，我们会因此失去道德的根基。我们关于是非善恶的观念在一个有上帝的世界里才具有意义，在一个不信神的地方就失去了意义。如果没有上帝，就没有什么东西可以明确指导我们应该如何生活、应该珍惜什么。这个观点很难让人接受，与他同时代的人也不感兴趣。他把自己描述为一个非道德主义者（immoralist），不会故意做坏事，但是相信人们需要超越所有的道德，用他的一本书的书名来说就是"超越善与恶"（beyond good and evil）。

在尼采看来，上帝之死为人类带来了新的可能性，如同打开了一扇新的大门，让人既害怕又兴奋。缺点是没有了安全网，没有了指导如何生活的规则。在过去，宗教提供了人生的意义，为道德行为提供了标杆，如果上帝已死，那么一切皆有可能，限制全被抛开。好的一面，至少从尼采的角度来看，则是每个人都可以创造自己的价值观，可以通过追求自己的生活方式，将人生变得如同艺术作品一般出色。

尼采认为，一旦接受上帝不存在，就不能继续秉持基督教的是非观，不然就是自欺欺人。从过去继承而来的价值观，比如同情、善良和考虑他人的利益，都可以被否认反驳，而他挑战这些价值观的方法是推测其源头在哪里。

按照尼采的说法，照顾弱者和无助者这样的基督教美德其实起源颇让人惊讶。你可能认为，同情和善良显然是好的，不存在争议。你可能从小就接受教育，要赞美善良之举、鄙视自私行为。尼采认为，我们所拥有的思想和感受方式是有其发展历史的。一旦你了解到这些概念的历史或"谱系"，就很难坚持说这些概念是永恒不变的，也无法接受它们是指导我们行为的客观标准。

在他的《道德的谱系》（*The Genealogy of Morality*）一书中，他描述了古希腊的情况。那时，身为贵族的英雄手握重权，他们的人生是建立在荣誉、耻辱和英雄主义之上，而不是仁慈、慷慨和做错事后的愧疚。这就是希腊诗人荷马（Homer）在《奥德赛》（Odyssey）和《伊利亚特》（Iliad）中所描述的世界。在以这样的英雄为主导的世界里，无权无势的人，无论是奴隶还是弱者，都对强者心怀嫉妒。因为这些消极的情绪，他们创造了一套新的价值观来颠覆贵族阶层的英雄价值观。贵族崇尚力量和权力，奴隶则将慷慨和关怀视为美德。尼采称之为奴隶道德观，在这种道德观下，强者的种种行为都是邪恶，而奴隶自己的情感则值得称颂。

善良起源于嫉妒，这个想法颇具颠覆性。尼采在自己的作品中表现出对贵族价值观的强烈偏爱，对强壮好战的英雄顶礼膜拜，而不是提倡基督教道德对弱者的同情。基督教及其衍生出的道德观认为每个人都有同样的价值，尼采则认为这是一个严重的错误。他笔下的杰出艺术家，如贝多芬和莎士比亚，远远比一般人优秀。他想表达的似乎是，基督教的价值观本身源于嫉妒，而且阻碍了人性的发展。如果以英雄价值观取而代之，代价可能是弱者被践踏，但是却为强者取得荣耀和实现成就打开了一道大门。

在《查拉图斯特拉如是说》（Thus Spake Zarathustra[1]，1883—1892）中，尼采提出了超人（Übermensch）这个概念，一个想象中的未来之人，不受传统道德准则的束缚，而且超

---

[1] 又译为《苏鲁支语录》。——译注

越了这些准则,并创造了新的道德价值。也许是受到达尔文进化论的影响,他认为超人是人类发展的下一步。这一说法令人担忧,因为这似乎是在支持那些自认为是英雄、不顾别人利益、一意孤行的人。更恶劣的是,纳粹从尼采的著作中借用了这个观点,用以支持人种优劣的扭曲观点,尽管大多数学者认为他们歪曲了尼采的真实意图。

尼采的不幸在于他妹妹伊丽莎白(Elisabeth)在他发疯后以及去世后的35年间取得了对他手稿的控制决定权。她是一个极其恶劣的德国民族主义分子,一个反犹太主义者(anti-Semite)。她仔细检查哥哥的手稿,挑出其中她认可的句子,剔除了所有对德国的批评以及与她的种族主义观点不符的内容,以剪切粘贴的方式,出版了《权力意志》(*The Will to Power*)一书,把尼采的思想变成了纳粹主义的宣传品,尼采因而成为第三帝国(Third Reich)认可的作家。如果他能长寿一些,一定会否认这本书和自己有任何关系。然而,不可否认的是,在他的著作中,确实多处为弱肉强食辩护。他写道,羔羊讨厌猛禽并不奇怪,但这并不意味着我们应该鄙视那些吃羔羊的猛禽。

和推崇理性的康德不同,尼采总是强调情感和非理性力量在塑造人类价值观方面发挥的重要作用。几乎可以肯定的是,尼采的观点影响了西格蒙得·弗洛伊德(Sigmund Freud),弗洛伊德在自己的著作中探索了无意识欲望的本质和力量。

第三十章
隐藏的思绪
西格蒙得·弗洛伊德

你有可能真正了解自己吗？古代哲学家认为你可以做到，但要是他们错了呢？也许你的头脑中有些部分你永远无法直接触及，就像是上了锁的房间，你永远无法进入？

表面现象具有欺骗性。你在清晨看到太阳似乎是从地平线下升起来，白天穿过天空，最后落入另一边的地平线下。表面上，很像是太阳在环绕地球运行，千万年来人们也一直相信是这样，但事实并非如此。16世纪时，天文学家尼古拉·哥白尼（Nicolaus Copernicus）认识到了这一点，尽管之前也有天文学家对此表示过怀疑。哥白尼日心说

(Copernican revolution[1])，即地球并非太阳系中心的观点，让当时许多人极为震惊。

19世纪中叶带来了另一个令人震惊的发现（见第二十五章）。在那之前，普遍接受的观点是人类与动物完全不同，一切都是由上帝设计安排的。但达尔文的自然选择进化论表明，人类和猿类有着共同的祖先，完全不需要假设是上帝创造了我们。人类的进化过程没有任何人为的操控，进化论解释了我们是如何从类人猿进化而来的，以及我们与它们的亲缘关系。进化论带来的革命性影响至今仍在。

根据西格蒙得·弗洛伊德（1856—1939）的观点，带来人类思想第三次大革命的是他自己的发现：潜意识。他认识到，我们所做的很多事情是由隐藏在心中的愿望所驱使，我们无法直接了解潜意识，但这并不等于说潜意识不会影响我们的行为。有些事情我们想做，却没有意识到我们想做。潜意识中的欲望对我们的生活以及如何组织社会有着深远的影响，人类文明中最好和最坏的一面都源自潜意识。这是弗洛伊德的发现，不过在尼采的一些作品中也可以找到类似的观点。

弗洛伊德是一名精神病学家，生活在奥地利的维也

---

[1] "Revolution"这个词取自哥白尼的著作 *De revolutionibus orbium coelestium*（英文译名：*On the revolutions of the heavenly spheres*；中文译名：《天体运行论》），意为"绕转，（天体）公转"。后来"Copernican revolution"这个表达法就常被用来形容颠覆性的转变。——译注

纳（Vienna），当时还属于奥匈帝国（Austro-Hungarian Empire）。他出生于一个犹太中产阶级家庭。19世纪末，在当时这座国际大都市里，有许多受过良好教育、有社会根基的年轻人，弗洛伊德就是其中的一个典型。他在职业生涯之初是一名神经学家，在为几名年轻病人治疗的过程中，越来越关注他们的心理问题，他认为这些病人头脑中的某些部分支配着他们的行为并制造了麻烦，但却还没有弄清楚背后的机制。他极为关注歇斯底里症和其他类型的神经官能症。患有歇斯底里症的病人大部分是女性，这些病人常常梦游、出现幻觉甚至不幸瘫痪。然而，造成这些问题的原因仍不为人知，医生也无法找到导致症状的生理原因。通过仔细研究病人对自身问题的描述，以及他对这些病人个人历史的了解，弗洛伊德提出了这样的观点：这些病症的真正根源是某种令他们困扰的记忆或欲望，这种记忆或欲望是无意识的，病人不知道自己有这种记忆或欲望。

弗洛伊德在进行研究时，会让病人躺在沙发上，谈论他们脑子里想到的任何东西，他认为这样做通常会让病人感觉好很多，因为可以帮助他们的一些念头从身体里逃脱。这种允许各种想法不受阻碍、自由流动的"自由联想法"（free association）产生了令人惊讶的结果，使过去潜意识中的一些想法浮现出来。他还要求病人回忆他们的梦境。弗洛伊德的这种"谈话疗法"打开了病人备受困扰的头脑，消除了一些症状，仿佛谈话这个举动能够释放某些压力，而这些压力是病人不愿意面对的某些想法造成的。精神分析学（psychoanalysis）就这样诞生了。

但是，不仅仅是神经质和歇斯底里的病人有藏在潜意识中的欲望和记忆。根据弗洛伊德的理论，我们每个人都是如此，而且正因为这些欲望和记忆平时是隐藏着的，人们才有可能共同生活在社会中。我们的真实感受和真正想做的事情，连我们自己都不知道。这些隐藏的想法有些充满暴力，许多和性有关，释放出去会太危险，于是我们的头脑对这些想法进行压抑，深深地埋在潜意识中。这些想法很多都是在我们在孩提时代形成的，儿童在早期生活中经历的事件可能在成年后重新记起来。例如，弗洛伊德认为，所有的男人在潜意识中都想要杀死自己的父亲并与母亲发生性关系，这就是著名的俄狄浦斯情结（Oedipus complex），以希腊神话中俄狄浦斯的名字命名。这个神话故事中对俄狄浦斯的预言，即他将杀死自己的父亲并娶母亲为妻，最后都被他在无意之中实现。对于一些人来说，这种早期形成的、令人难堪的欲望在他们没有意识到的情况下塑造了他们的人生。大脑通过某种方式阻止了这些阴暗的想法以可以辨认的形式进入我们的意识中，但是，有时候这种阻止的过程没有成功，有些想法以一种伪装的面目逃逸出来，比如说，可能会出现在梦境中。

在弗洛伊德看来，梦是"通往潜意识的忠实路径"，是发现被隐藏起来的想法的最佳途径之一。我们在梦中看到和经历的事情并不是表面看起来的那样。梦境中可能发生很多事情，但都只是表面，潜在的内容才是梦的真正含义，这就是精神分析学家试图搞清楚的。梦中遇见的东西都是符号，代表着我们隐藏在潜意识中的愿望。举个例子，一个出现了蛇、伞或剑的梦通常是一个伪装起来的性梦，蛇、伞和剑是经典的"弗洛伊德符号"，代表阴茎。同样，在梦中钱包或洞穴的形象代表阴道。如果你对这样的解释大吃一惊并觉得很荒谬，弗洛伊德可能会告诉你，那是因为你的大脑在保护你，让你意识不到自己内心和性有关的想法。

另一种让我们瞥见潜意识愿望的时刻是口误，也就是所谓的弗洛伊德式口误（Freudian slips），在那一时刻我们意外地流露了自己都没有意识到的内心愿望。许多电视新闻播音员都曾在无意中说错一个人的名字或是一句话，有时会意外地说一句粗话。弗洛伊德主义者（Freudian）就会说，这种情况发生得非常频繁，不可能只是偶然事件。

并非所有潜意识中的愿望都与性或暴力有关，有些可能反映了某种根本性的冲突。在意识的层面，我们可能希望一件事发生，但同时在潜意识层面，我们不想看到这件事发生。想象一下，你要通过一个重要的考试才能上大学。在意识的层面，你全力以赴为考试做准备，拿过去的相关试卷练习，以提纲形式准备问题的答案，并且设好闹钟，保证提前到达考场。一切似乎都很顺利，你准时起床，吃了早餐，赶上公共汽车，知道自己有足够的时间抵达考场。这时候你放心地在公共汽车上打了个盹，但当你醒来时，却惊恐地发现，你看错了公共汽车的号码，上错了车，现在你在另一个地方，已经不可能准时赶到考场。弗洛伊德理论可以将这件事解释为由于你对通过考试后要做的事心存畏惧，这种潜意识中的恐惧压倒了意识层面的努力。在内心深处，你并不想考试成功。承认这一点对你自己来说太可怕了，但是你的潜意识通过另一种方式将其表露出来。

弗洛伊德不仅将他的理论应用于有神经质行为的个体，也用来分析一些普遍的文化信仰，特别是为什么有些人热衷于宗教。你可能相信上帝，也许你感觉到上帝存在于你的生命之中，但是弗洛伊德有一套理论来解释你对上帝的信仰从何而来。你可能认为你相信上帝的原因是上帝存在，但是弗洛伊德认为你相信上帝是因为你仍然觉得需要保护，就像你在小时候那样。在弗洛伊德看来，整个文明都是基于一种幻觉，即一个强大父亲形象的幻觉，希望自己渴望得到保护的需求能够得到满足。因为你在内心深处希望上帝存在，于是你在意识层面也就相信上帝真的存在，所有这些都是你一厢情愿的结果。这种潜意识源自幼儿时期需要被保护和照顾的渴望。有上帝存在这样的想法对成年人来说是一种安慰，因为他们仍然有童年遗留下来的愿望存在于潜意识中，即使成年人通常不知道这些感觉来自何处，并且主动压抑着这些实际上是内心深处没有得到满足的精神需要，而不是真的因为上帝存在。

从哲学的角度来看，弗洛伊德的理论对笛卡尔等思想家关于头脑的许多假设提出了质疑。笛卡尔相信头脑对自身来说是清晰的。他认为，如果你有一个想法，就一定能够意识到这个想法。弗洛伊德出现之后，我们必须承认潜意识心理活动的可能性。

然而，并不是所有哲学家都相信弗洛伊德的理论。尽管许多人承认他关于潜意识的思考可能是正确的，但是仍有一些人宣称弗洛伊德的理论是不科学的，其中最著名的是卡尔·波普尔（Karl Popper，他的观点在第三十六章有更充分的讨论）。他指出，精神分析法的许多观点是"不可证伪的"（unfalsifiable），这不是赞美，而是批评。在波普尔看来，科学研究的本质是可以接受检验，也就是说，必须可以通过能够观察到的结果说明某种理论假设是错误的。波普尔举例说，一个男人把一个孩子推进河里，另一个男人跳进河里救一个溺水的孩子，这是两种截然不同的行为，但用弗洛伊德的理论都可以解释得通。弗洛伊德可能会说，第一个人因为压抑自己的恋母情结而导致了暴力行为，而第二个人已经将自己潜意识中的欲望升华为对社会有益的行为。推而广之，无论人做什么，都可以用弗洛伊德的理论来解释。波普尔认为，如果所有观察到的结果，都可以被用来进一步证明一种理论是正确的，而没有任何能够想象到的证据来证明它可能是错误的，那么这种理论根本就不可能是科学的。当然，反过来说，弗洛伊德可能会认为波普尔有某种被压抑的欲望，使他对精神分析抱有如此的敌意。

第三十章　隐藏的思绪

伯特兰·罗素是一位与弗洛伊德风格截然不同的思想家，他跟弗洛伊德一样厌恶宗教，认为宗教是人类不幸福的主要根源。

第三十一章

当今的法国国王是秃头吗？

伯特兰·罗素

在青少年时期，伯特兰·罗素的主要兴趣是性、宗教和数学——所有这些都是在理论层面。在他漫长的一生中（他于1970年去世，享年97岁），他对性发表了具有争议的观点，对宗教猛烈抨击，并对数学作出了重要的贡献。

罗素有关性的观点给他带来了不少麻烦。1929年他的《婚姻与道德》（*Marriage and Morals*）一书出版。他在书中质疑基督教所强调的对伴侣忠诚的重要性，认为不必如此，招致一些人的不满和质疑。争议不会让罗素在意，早在1916年，他就因为公开反对第一次世界大战而在布里克斯顿（Brixton）监狱里待了6个月。到了晚年，他还协助建立了"销毁核武器运动"（Campaign for Nuclear Disarmament，简称CND），一个反对任何大规模杀伤性武器的国际运动。这位精力充沛的老人在20世纪60年代仍然站在公众集会的前沿，就像50年之前参加反战运动一样积极。谈到自己为什么这么做时，他说："要么人类废除战争，要么战争毁灭人类。"到目前为止，这两个预言都还没有实现。

在宗教方面，他同样直言不讳，言辞犀利。在罗素看来，上帝出手拯救人类是绝无可能的，运用自己的理性力量是我们唯一的机会。他认为人们为宗教所吸引，是因为害怕死亡。宗教带来安慰，让人们相信最终上帝会惩罚恶人，即使他们在世时做出谋杀甚至更糟的事情而没有招致后果。有这样的信仰让人们得到心理上的安慰，但真实情况却并非他们相信的那样。上帝不存在，而宗教带来的往往更多的是痛苦而不是幸福。他承认佛教可能不同于其他大多数宗教，但是基督教、伊斯兰教、犹太教和印度教都有很多难以推卸的责任：这些宗教从来都是战争、苦难和仇恨的根源，无数人因为这些宗教而丧生。

可以清楚地看出，尽管罗素是一名和平主义者（pacifist），但他愿意挺身而出，为自己认为正确和公正的东西而战斗（至少是以思想作为武器）。即使作为和平主义者，他仍然认为在极少的情况下，比如第二次世界大战，武力抗争可能是最好的选择。

他出生于一个显赫的英国贵族家庭，正式头衔是罗素伯爵三世（3rd Earl Russell）。他一眼看上去就是个贵族，有一种桀骜不驯的神态、顽皮的笑容和亮闪闪的眼睛，一开口，说话的口音就暴露了他上层阶级的身份。听录音中他的声音，仿佛来自另一个世纪，不过他确实来自上个世纪（19世纪）：他出生于1872年，所以是实打实的维多利亚时代人物，他的祖父约翰·罗素勋爵（Lord John Russell）曾经担任过英国首相。

罗素的非宗教性质"教父"是哲学家约翰·斯图尔特·穆勒（见第二十四章），遗憾的是，罗素对穆勒没有印象，因为当罗素还在蹒跚学步的时候穆勒就去世了。但穆勒仍然对罗素的成长有着巨大的影响，罗素拒绝相信上帝的存在就是从阅读穆勒的《自传》（Autobiography，1873）开始的。他曾一度相信第一因论证，也就是托马斯·阿奎那等人使用的论证手段：一切事物都必须有一个起因，而一切事物的起因，在所有因果链中的第一个成因，必然就是上帝。但穆勒对此提出了质疑：那么，什么是上帝的起因？罗素由此认识到第一因论证存在逻辑问题，如果有一件事是没有起因的，那么"一切事物都有一个起因"就不再成立。在罗素看来，要么即使是上帝也有起因，要么相信有一种东西的存在不需要起因，比较这两种论点，前者更加合理。

跟穆勒一样，罗素的童年与常人不同，儿时也不是特别快乐。父母在他很小的时候就去世了，照顾他的祖母对他严格又疏远。他在家中接受私人教师指导，全身心投入到学习中，成为一名杰出的数学家，并在剑桥大学教书。但真正让他着迷的问题是，究竟什么使数学陈述为真，比如为什么2 + 2 = 4为真？我们知道这是真的，但为什么呢？对这些问题的兴趣让他很快进入了哲学领域。

作为一名哲学家，逻辑学是他的最爱，这是一个介于哲学和数学之间的学科。逻辑学家研究推理的结构，通常使用符号来表达自己的想法。他迷上了数学和逻辑学的一个分支：集合论。当时，集合论似乎能够解释所有推理过程，但罗素对此却提出了巨大的疑问，指出集合论会导致矛盾。他以一个悖论来说明这一点，后来这个著名的悖论就以他的名字命名，即罗素悖论（Russell's Paradox）。

下面是罗素悖论中的一个例子。想象一下，在一个村庄里有一个理发师，他的工作是为所有不自己刮胡子的人刮胡子，并且也只为这些人刮胡子。如果我住在那个村子里的话，可能会自己刮胡子，我觉得自己做不到很有规律地每天都去理发店，而且总是让理发师给我刮胡子也太贵了，我自己刮就挺好。但是，如果我不想自己刮胡子，那么理发师就会是那个为我刮胡子的人。但是理发师自己该怎么办呢？他只能为不自己刮胡子的人刮胡子，按照这个规则，他永远不能自己刮胡子，因为一旦他给自己刮胡子，他就不再是一个不给自己刮胡子的人了。这对他来说实在太难办了，通常在这个村子里，如果有人不自己刮胡子，理发师就会帮他刮。但是根据规则，理发师不允许给自己刮胡子，因为这会使他变成一个自己给自己刮胡子的人,而理发师又只能为那些不自己刮胡子的人刮胡子。

这种情况似乎导致了一个直接的矛盾:某个陈述既是真的又是假的,这就是悖论。罗素发现,当一个集合指向它自己时,这种悖论就出现了。我们可以再另外举一个很有名的例子:"这句话是假的。"如果这句话表达的意思是对的话,那么"这句话是假的"就是说这个句子所陈述的内容是虚假的,也就说它表达的意思是真的!在这种情况下,似乎这个句子既是真的也是假的。但是一个句子不可能同时是真的也是假的,这是逻辑的基础。这就是悖论。

这些有趣的谜题却并没有简单直接的解决办法,这一点看起来似乎很奇怪。但在罗素看来,这个悖论绝不仅是有趣的谜题,它所揭示的,是逻辑学家对集合论所做的一些基本假设是错误的,他们需要从头再来。

罗素的另一个主要的兴趣是研究人们所说的话与世界有什么关系。他认为,如果能弄清楚是什么决定了一种陈述是真还是假,那将是对人类知识的重大贡献。同样,他对大脑思考活动背后非常抽象的问题极其感兴趣,他的学术活动大部分是试图解释我们所作陈述的逻辑结构。他觉得语言远没有逻辑准确,因此日常语言需要分析,通过分解才能显示出潜在的逻辑形态。他相信,对语言的逻辑分析是哲学各个领域取得进展的关键,要这样做就必须把语言"翻译"成更精确的术语。

以"金山不存在"这句话为例,大家可能都同意这句话是对的,因为在世界上的任何地方都没有金山。这个句子似乎是在说一件不存在的事情,"金山"似乎指的是某种真实的东西,但其实不是。这是逻辑学家的难题,我们如何才能有意义地谈论不存在的事物?为什么这个句子并非毫无意义的呢?奥地利逻辑学家亚历克修斯·迈农(Alexius Meinong)的回答是:我们能够思考和讨论的一切有意义的东西都必须是存在的,所以金山一定存在,只不过是一种特殊的存在,被迈农称为"亚存在"(subsistence)。同样他也认为独角兽和数字 27 就是这样的亚存在。

在罗素看来,迈农对逻辑的思考方式有问题。根据迈农的理论,世界充满了在某种意义上存在但在另一种意义上不存在的事物,这实在很奇怪。罗素设计了一种更简单的方式来解释陈述与现实之间的联系,这就是他的摹状词理论(Theory of Descriptions)。比如罗素喜欢用一个相当奇怪的句子为例:"当今的法国国王是秃头。"当今的法国国王?罗素是在 20 世纪初提出这一理论的,当时法国已经没有国王了。法国人在法国大革命期间就把国王和王后赶下了台。那么,该如何解释这句话的呢?罗素的回答是,跟大多数日常语言中的句子一样,这句话也是不精确的,我们需要对它进行分解以显示潜在的逻辑状态。

问题在这里:如果我们说"当今的法国国王是秃头"这句话是错的,那么我们的意思似乎是当今的法国国王并不秃顶,但这肯定不是我们想表达的意思,因为我们知道当今的法国没有国王。罗素的分析是,像"当今的法国国王是秃头"这样的说法实际上是一种隐藏的描述,当我们谈到"当今的法国国王"如何如何时,其潜在逻辑形态是:

(a)"当今的法国国王"这样的东西是存在的。
(b)只有一样东西是"当今的法国国王"。
(c)任何"当今的法国国王"都是秃头。

罗素将句子分解成这种复杂的陈述方式,就能证明"当今的法国国王是秃头"在逻辑上是成立的,尽管并不存在"当今的法国国王"。一句话可以逻辑成立,同时却是错误的。与迈农不同,他不需要想象"当今的法国国王"必须以某种方式存在(或亚存在),才能谈论和思考。在罗素看来,"当今的法国国王是秃头"这句话是错误的原因是"当今的法国国王"这样的东西并不存在,这个句子却暗示他存在,所以这个陈述为假。通过同样的推理,可以得出"当今的法国国王不秃"这句话也是错误的。

罗素开启了有时被称为哲学的"语言学转向"(linguistic turn)运动,从此哲学家们开始非常认真地思考语言及其潜在的逻辑形式。艾耶尔就是这场运动的成员之一。

第三十二章

呸！/ 棒！

阿尔弗雷德·朱尔斯·艾耶尔

如果有一种方法可以用来识别一句话是不是胡说八道，那实在就太好了！你再也不会受愚弄，可以把自己听到或读到的所有东西都分成有意义的内容和毫无意义、不值得花时间的内容。A. J. 艾耶尔（1910—1989）相信自己发现了这么一个办法，他称之为证实原则（Verification Principle[1]）。

20世纪30年代早期，艾耶尔曾在奥地利住过几个月，与维也纳学派（Vienna Circle）杰出的科学家和哲学家们有过多次接触，回到英国后在牛津大学任教。他24岁时，就

---

[1] 也译为"检证原则"、"实证原则"。——译注

已经写了一本书，宣称大部分哲学史都是胡言乱语，完全不知所云，基本毫无价值。这本书出版于1936年，名为《语言、真理和逻辑》(Language, Truth and Logic)，成为逻辑实证主义运动的一部分，这个运动对科学大加赞扬，称之为人类最伟大的成就。

哲学中的"形而上学"研究任何超越我们感受的现实，康德、叔本华和黑格尔等都是坚决的支持者。然而，在艾耶尔看来，"形而上学"是一个肮脏的字眼，是他所反对的东西，他只对可以通过逻辑或感官来了解的东西感兴趣。形而上学往往远远超越了逻辑或感官，对无法以科学或概念性手段研究的现实进行描述。在艾耶尔看来，这便意味着形而上学是毫无用处的，应该被抛弃。

《语言、真理和逻辑》让一些人很是恼火，这大概一点都不奇怪。牛津大学的许多资深哲学家都很讨厌这本书，这让艾耶尔很难找到工作。但是，惹人恼火这样的事，哲学家们已经做了几千年，从苏格拉底开始就一直是这样。不过，写一本书来如此公开抨击过去的一些伟大哲学家，还是挺有胆量的。

艾耶尔区分一个句子是无意义的还是有意义的，方法是这样的，对于任何句子，都可以问两个问题：

（1）从定义上说是否为真？
（2）是否可以通过实证检验？

如果对这两个问题的回答都是否定的,那么这句话就毫无意义。这是他对意义的双重检验,只有通过定义或实证验证的陈述才对哲学家有用。举例解释一下:"所有的鸵鸟都是鸟"或"所有的兄弟都是雄性"就是从定义上说为真的陈述。用康德的术语来说,这些都是分析陈述(见第十九章)。你不需要去研究鸵鸟就知道它们是鸟类,因为这是鸵鸟定义的一部分。同样的,不可能有女性的兄弟,除非某个女性做了变性手术。从定义上来说为真的陈述,能把所使用词语中隐含的东西带出来。

与之相对应的,可以通过实证来检验的陈述(也就是康德术语中的"综合陈述")可以给我们带来真正的知识。一个陈述如果可以通过实证检验,就必须有检测或观察的手段存在以证明其对错。例如,如果有人说"所有的海豚都吃鱼",我们可以找一些海豚,给它们喂鱼,看看它吃不吃。如果发现了一只从不吃鱼的海豚,我们就知道这种说法是错误的。在艾耶尔看来,这是一个可以通过实证检验的陈述,因为他所说的"可以通过实证检验"包括了"可以证实"和"可以证伪"两种情况。可以通过实证检验的陈述都是事实陈述,是用来描述世界的,必须有观察手段可以证实或证伪这些陈述。科学是我们检验这些陈述最好的方法。

如果一个句子既不能从定义上说是真是假,也不可以通过实证检验(证实或证伪),那么在艾耶尔看来便是无意义的,就这么简单。在这一点上,艾耶尔直接借用了休谟的观点。休谟曾半开玩笑地建议说应该烧掉那些无法通过实证检验的哲学著作，因为它们除了"诡辩和幻觉"之外什么都没有。艾耶尔在20世纪重塑了休谟的思想。

所以，如果我们拿"有些哲学家有胡子"这句话作为例子，那么很明显，这个句子无法从定义上说是真是假，因为哲学家的定义不包括他们中的一些人有胡子，但是这句话可以通过实证检验，因为我们可以找到证据对其进行证实或证伪。我们需要做的就是找一批哲学家来看，很可能会发现其中一些有胡子，那么我们就可以得出结论这句话是正确的。或者如果我们看了成百上千的哲学家后，仍找不到一个有胡子的，我们可能会得出这样的结论："有些哲学家有胡子"这句话可能是错误的，但是在检查完所有哲学家之前，我们不能确定。无论检验的结果如何，能够证实或证伪，这句话都是有意义的。

相比之下，"我的房间里满是隐形的天使，它们没有留下任何痕迹"这句话，同样无法从定义上说是真是假，但它是否可以通过实证来检验呢？看来不行。如果这些隐形的天使真的没有留下任何痕迹，那么我们想象不出有什么办法证实它们的存在。它们摸不着、闻不到，不会留下脚印，也不会发出声音。因此，这个句子读起来似乎通顺，但没有意义，语法是正确的，但是作为一个对世界的陈述，它既非真也非假，毫无意义。

这可能很难理解，因为"我的房间里满是隐形的天使，它们没有留下任何痕迹"这句话听起来似乎意味着什么。但艾耶尔的观点是,这句话对人类的知识没有任何贡献,尽管可能听起来很有诗意,或者可以写进小说里。

艾耶尔不仅对形而上学发出了抨击,伦理学和宗教也都是他抨击的目标。例如,他最具挑战性的论点之一是道德判断是毫无意义的。这听上去很出格,但是,如果将他的双重测试用于道德判断的话,就会得出这样的结论。如果你说"酷刑是错误的",他认为这就和说"酷刑,呸!"差不多,是在表达你对酷刑的个人感觉,而不是做出一个可能是对或错的陈述。因为这句话无法从定义上说是真是假,也不能对其进行证实或证伪。他相信,没有任何测试可以决定酷刑是否错误。一些功利主义者,如边沁或穆勒对此会有不同意见,因为他们所衡量的是行为所产生的幸福。

因此,根据艾耶尔的分析,"酷刑是错误的"这个说法完全没有任何意义,因为这句话永远不可能证实或证伪。同样的,当你说"同情心是好的"时,你只是在表达自己的个人感受,就跟说"同情心,棒!"差不多。因此,艾耶尔的伦理学理论,即情绪主义(emotivism[1]),常常被戏称为"'呸/棒'理论"(Boo!/Hooray! Theory)。在有些人看来,艾耶尔认为道德无关紧要,可以选择做任何自己喜欢的事情,但其实这并不是他想表达的意思。他想说的是,我们不可能从

---

[1] 又译为"情感主义"。——译注

价值的角度对这些议题（酷刑、同情心等）进行有意义的讨论，但他也确实相信，在大多数有关我们应该有什么样行为的辩论中，事实都得到了讨论，而且这些事实也是可以通过实证检验的。

在《语言、真理和逻辑》的另一章中，艾耶尔抨击的观点是我们可以有意义地讨论上帝。他认为"上帝存在"既非真也非伪，是毫无意义的。他认为这句话无法从定义上来说是真是假，尽管有些人，比如圣安瑟伦的追随者，会用本体论论证上帝必然存在。而且，艾耶尔不接受设计论证，认为没有任何办法能够验证上帝是否存在。所以艾耶尔既不是相信上帝存在的有神论者（theist），也不是相信上帝不存在的无神论者（atheist），他认为"上帝存在"只不过是众多毫无意义的陈述之一。有些人把这种立场称为"蔑神论"（igthesim），所以艾耶尔是一名蔑神论者（igthesit），这是一个特殊的群体，认为所有关于上帝存在或不存在的说法都是无稽之谈。

不过，艾耶尔在晚年曾有过一次令他大为震惊的奇遇。当时，他被一条鲑鱼骨头噎住，昏迷不醒，心脏停止跳动四分钟。在濒死的状态下，他清楚地看到了红色的光芒，还看到两个"宇宙之主"在相互交谈。然而，看到这个异象并没有让他相信上帝，远非如此，但是确实让他对思想是否能够在死后继续存在产生了疑惑。

不幸的是，艾耶尔的逻辑实证主义也为这一理论本身的毁灭提供了工具，这个理论本身似乎并没有通过双重检验。首先，从定义上看，这个理论是否正确并不清楚；其次，没有任何观测手段可以证实或证伪这一理论。因此，按照逻辑实证主义自己的标准，这本身是毫无意义的。

有的人希望从哲学中找到指导人生的答案，对这些人来说，艾耶尔的哲学没有什么用处。在许多方面更有用处的是存在主义（existentialism），这是在第二次世界大战期间和之后在欧洲兴起的思潮。

第三十三章

自由的苦痛

让-保罗·萨特、西蒙娜·德·波伏瓦、阿尔贝·加缪

如果你能够回到 1945 年,来到巴黎一家名叫"两个智者"(Les Deux Magots)的咖啡馆,会在那里看见一个眼睛鼓出的小个子男人,抽着烟斗,在笔记本上写东西。这个人就是让-保罗·萨特(1905—1980),最著名的存在主义哲学家。他同时还是一位小说家、剧作家和传记作家。他一生大部分时间都住在旅馆里,写作几乎都是在咖啡馆里完成的。那时候的他看起来并不像是一个会受人追崇的人物,但是几年之后,就变成众人追捧的中心了。

在萨特身边常常会看到一个美丽且极有智慧的女人,她就是西蒙娜·德·波伏瓦(Simone de Beauvoir, 1908—

1986）。他们在大学时就相互认识，是长期的伴侣，尽管从未结婚或同居。他们各自也有其他的情人，但两人的关系是长久的。他们把这种关系称之为"必要的"，而所有其他的关系都是"偶然的"（也就是说"不必要的"）。跟萨特一样，波伏瓦也是一位哲学家和小说家，她的书《第二性》（*The Second Sex*，1949）是重要的早期女权主义著作。

巴黎在二战大部分时期都处于纳粹统治之下。法国人生活艰难，一些人加入了抵抗组织对抗德国，另一些人则通敌，为自救而出卖朋友。食物供不应求，街上不时有枪战，有些人忽然就失踪了，再也没有回来。巴黎的犹太人被送到集中营，大多数都在那里遇难。

盟军打败德国之后，生活重新开始。战争的结束，一方面让人们松了一口气，同时也让人感到必须向前看，思考应该建立一个什么样的社会。在经历了战争期间各种可怕的事情之后，各个阶层的人都在问自己一些过去只有哲学家才会问的问题，比如："生活的意义是什么？""上帝存在吗？""我必须总是按照别人的期望行事吗？"

此时的萨特，已经写了一本冗长艰涩的书：《存在与虚无》（*Being and Nothingness*，1943）。这本书在二战期间出版，主题是自由：人类是自由的。在被占领的法国，这是一个非常奇怪的说法，因为当时大多数法国人都觉得被禁锢在了自己国家的土地上，而有些人则是真正遭到了囚禁。萨特所说的自由，是指人和铅笔刀这样的东西不一样，并不是被设计来做任何特定事情的。他不相信存在一个能够设计我们的上帝，所以他不接受是上帝为我们的人生设定了目标。铅笔刀是设计用来削东西的，这就是它的本质（essence），正是因为要用来削东西，铅笔刀才是现在这个样子。但是人类是被设计来做什么的呢？萨特认为，人类不存在本质，我们不是出于某种目的才来到人世的。作为人类，我们不需要以某种特定的方式度过人生。个人可以选择做什么，成为什么样的人。我们都是自由的，只有你自己才能决定你的人生。如果你让别人来决定你的生活方式，这也是一种选择。你可以选择成为别人期望你成为的那种人。

显然，如果你选择做某件事，你不一定能成功。不成功的原因可能完全在你的控制之外，但是你必须为想去做这件事、尝试去做这件事，以及面对失败的反应而负责。

自由是难以驾驭的，许多人都在躲避自由，其中一个方法就是假装根本没有真正的自由。按照萨特的观点，我们没有任何借口躲避自由，我们对每天的所作所为，以及对此产生的感受，乃至自己的情感负有完全的责任。如果你现在感到悲伤，那是你的选择。你完全不必悲伤，但是如果你感到悲伤，你就要为此负责。需要为一切负责让人害怕，有些人宁愿不去面对，因为选择是件痛苦的事。萨特认为我们"命定自由"（condemned to be free），不管喜欢与否，这种自由永远都和我们在一起。

萨特以一个咖啡馆里的侍者为例来说明这一观点。这个咖啡馆的服务员以一种非常程式化的方式行动，好像是个木偶一样。他的一切行为都说明他完全以侍者来定义自己，好像他没有任何选择。他端盘子的姿态、在桌子之间走动的方式，仿佛是一种专门为侍者而设计的动作程序的一部分，而不是由人控制的。萨特将这样的行为称为"自欺"（bad faith），是在逃避自由。在这种行为中，你欺骗自己，告诉自己你不能真正自由地选择人生。然而这是一个谎言，因为根据萨特的观点，不管你愿不愿意，你都是自由的。

二战结束后不久，萨特发表了题为"存在主义是一种人道主义"（Existentialism is a Humanism）的演讲，谈到人类的生活充满了痛苦焦虑（anguish）。痛苦焦虑的根源是我们明白自己找不到任何借口逃避，而必须对所做的一切负责。但是，萨特认为痛苦焦虑比承担负责更糟糕，因为无论我们做什么，都会以此要求其他人也这么做。假如说我决定结婚，那么我会觉得其他每个人都应该结婚；如果我懒惰，那么在我眼里每个人都应该懒惰。也就是说，基于自己的人生选择，我认为全人类的行为都应该如此。如果谁真心诚意地这么认为，当然会觉得是一种巨大的责任。

萨特通过一个真实的故事来解释他所说的"选择的痛苦焦虑"（anguish of choice）是什么意思。二战期间，一名学生向他寻求建议，这位年轻人正面临一个非常困难的决定：留在家里照顾母亲还是离家寻找抵抗组织，为从德国人手中拯救自己的国家而战。这是他一生中最艰难的决定，他不知道该怎么办。如果离开母亲，她就没有人照顾，他也可能找不到抵抗组织，而是被德国人抓住，那么他尝试参与崇高事业的努力可能根本就是浪费精力和生命。但是如果他留在家里照顾母亲，实质上就是让别人为他而战。他该怎么办？你会怎么做？你会给他什么建议？

萨特的回答让人恼火。他告诉那个学生，他是自由的，他应该自己选择。如果萨特给了这个学生任何实质性的建议，这个学生仍然需要决定是否遵从这个建议。作为人类，我们无法逃避责任的重担。

"存在主义"是其他人对萨特哲学的称呼，来源于这样一个观点：我们首先存在于这个世界，然后必须决定我们将如何生活。当然你的观点也可能正好相反：我们可能就像一把铅笔刀那样，为特定的目的设计而生。萨特认为，我们的存在先于我们的本质，而对于被设计出来的物体，本质先于存在。

在《第二性》一书中，波伏瓦给这种存在主义增加了一个不同的诠释，声称女人并非天生而成，而是被塑造为女人。她的意思是女人一般都会接受男人对女人该是什么样的看法，成为男人所期望的女人，这是一种选择。但是作为一个命定自由的女人，可以自己决定想成为什么样的人，她们没有存在主义所说的本质，大自然并没有让女人成为某种特定的样子。

存在主义的另一个重要主题是存在的"荒谬性"

（absurdity）。生命本来没有任何意义，直到我们做出选择，赋予它意义，但是不久之后死亡降临，消除了我们赋予生命的所有意义。萨特把人类描述为一种无用的激情（useless passion）：我们的存在本身毫无意义，只有每个人通过自己的选择创造意义。

阿尔贝·加缪（Albert Camus[1]，1913—1960）是一位小说家和哲学家，也与存在主义哲学有联系。他用希腊神话中的西西弗斯（Sisyphus）来解释人类的荒谬。西西弗斯因欺骗众神而受到惩罚，必须把一块巨石从山脚推滚到山顶，可每当到达山顶时，巨石又顺坡滚下，回到山脚，他不得不从头开始，如此反复无休无止。人类的生活就像西西弗斯的任务，因为完全没有意义，没有答案可以解释一切，是荒谬的。但加缪认为我们不应该绝望，不应该自杀，相反，我们必须认识到西西弗斯是快乐的。为什么？因为把巨石推滚上山的挣扎让他的人生有了一个值得活下去理由，这总比死亡要好。

存在主义后来风靡一时，吸引了成千上万的年轻人，通宵达旦讨论人类存在的荒谬性，并为小说、戏剧和电影带来了灵感。这是一种人们可以在生活中遵从的哲学，可以用来帮助自己做出选择。随着年龄的增长，萨特越来越多地参与政治，变得更为左倾，他曾试图将对马克思主义的见解与他早期的思想结合起来。这可是一项艰巨的任务。他在20世

---

[1] 也译为"卡缪"。——译注

纪40年代的存在主义哲学中关注的是个人为自己所做的选择，但在后来的作品中，他试图解释我们是如何成为一个大群体的一部分，以及社会和经济因素如何在我们的生活中发挥作用。不幸的是，他的作品变得越来越艰涩难懂，也许部分原因是大部分作品都是在他服用安非他命（amphetamine）之后写成的。

萨特可能是20世纪最著名的哲学家，但是如果你去问哲学家谁是20世纪最重要的思想家，许多人会告诉你，是路德维希·维特根斯坦。

第三十四章

语言之蛊惑

路德维希·维特根斯坦

如果你回到1940年，去剑桥大学参加路德维希·维特根斯坦（1889—1951）的讲座，很快就会注意到他是一个非常不同寻常的人。见过他的人大都认为他是个天才，罗素形容他"充满激情、洞见深刻、认真急切、颇具支配性"。这个身材矮小的维也纳人，有着明亮的蓝眼睛和一本正经的神情。他在课堂上来回踱步，向学生提问，或者陷入沉思，有时可能长达好几分钟，却没人敢打扰他。他从不事先准备讲义，而是在听众面前即兴思考，并用一系列的例子梳理出问题所在。他告诉学生不要浪费时间阅读哲学书。他说，如果真的把这些书看得很重的话，就应该把它们扔到课堂的另一边，然后努力思考书中提出的难题。

他写的第一本书《逻辑哲学论》(*Tractatus Logico-Philosophicus*, 1922)，是以编成号的小章节组成，其中许多读起来更像是诗歌而不是哲学。这部书的主要理念是：伦理和宗教中最重要的问题超出了我们的理解范围，如果做不到有意义地谈论这些问题，就应该闭嘴不言。

他后期哲学理论的一个中心主题是"语言的蛊惑"(bewitchment by language)。他认为，语言使哲学家陷入各种困惑，中了它的魔咒。而他自己则能够扮演治疗师的角色，消除这种困惑。他的想法是，如果你遵循他精心挑选的各种例子中体现的逻辑进行思考，哲学困扰就会消失，原来看起来极其重要的事情将不再会困扰你。

他认为，引起哲学困扰的一个原因是人们假设所有的语言都以同样的方式起作用，也就是假设文字只是简单地用来命名事物。他向读者表明，其实存在许多"语言游戏"，也就是我们使用文字所进行的各种不同活动。并不存在语言的"本质"，没有单一的共同特征可用来解释语言的全部功用。

如果你看到一群彼此有血缘关系的人在一起，比如共同出席婚礼，你可以通过他们之间外貌的相似性来判断出他们是一家人，这就是维特根斯坦所说的"家族相似性"(family resemblance)。你可能在某些方面看起来像自己的母亲，也许你们的头发和眼睛颜色相同；你也有点像自己的祖父，因为都是又高又瘦。你的头发颜色和眼睛形状可能和你姐姐一样，但是她的眼睛颜色可能跟你和你妈妈的又不同。你能看出一群人有血缘关系，并不是因为这些人都有一个共同的外貌特征，而是一些重叠的特征形成了某种样式，其中一些人具有某几种特征，另一些人则具有另几种特征。这种重叠的特征样式正是维特根斯坦的兴趣所在，他用家族相似性作为比喻来解释语言的功用。

想想"游戏"这个词。有很多不同的东西我们可以称之为游戏：棋类游戏、纸牌游戏如桥牌和接龙、体育运动如足球，等等。还有一些我们称之为游戏的东西，比如捉迷藏、过家家。大多数人认为，因为我们使用同一个词，即"游戏"，来涵盖所有这些活动，所以它们必然有一个共同的特征，即游戏概念的"本质"。但是，维特根斯坦希望读者不要依赖这样的假设，不仅要"观"还要"察"（look and see）。你也许认为所有的游戏都有赢家和输家，但是某些游戏，如单人纸牌接龙游戏，或是把球向墙上扔去然后接住这样的游戏，显然没有输家。也许所有游戏的共同点是必须有一套规则？但是"过家家"似乎不需要规则。对于任何可能被看作是所有游戏共同特征的东西，维特根斯坦都能提出反例，也就是一个不具备这种共同特征、不拥有游戏的所谓"本质"，但仍然是一种游戏的例子。他指出，与其假设所有的游戏都有一个共同特征，不如把"游戏"看作是一个具有家族相似性的词。

维特根斯坦把语言描述为一系列"语言游戏"，他这么做是为了提请人们注意，使用语言的目的多种多样。很多哲学家之所以感到困惑，是因为他们大多认为所有的语言都在做同一种事情。他有一段著名的论述，说自己想做的，是引导苍蝇从瓶子中飞出来，这表达了他作为哲学家希望实现的目标。他说，一个典型的哲学家就像一只被困在瓶子里的苍蝇一样嗡嗡作响，不停地撞向瓶壁。解决哲学问题的方法就像是拔掉软木塞，让苍蝇飞出来。他想向哲学家说，他们问错了问题，或者被语言误导了。

以圣奥古斯丁描述自己学说话的过程为例。在《忏悔录》中，他回忆道，当时周围比他年纪大的人会指着各种不同的东西同时说出它们的名字。比如他看到一个苹果，就有人指着它说"苹果"。渐渐地，奥古斯丁明白了这些词的意思，并能够使用这些词来告诉别人他想要什么。维特根斯坦认为这是一个很好的例子，体现出奥古斯丁假设所有语言都有一个本质，一个单一的功能，也就是命名物体的功能。在奥古斯丁看来，每个词都有其代表的意义。维特根斯坦则不以为然，他鼓励读者将语言的使用看作是与说话者的实际生活相联系的一系列活动。把语言看作是一个工具袋，里面装着各种各样的工具，而不仅仅是一把螺丝刀，只有一种特定的功能。

当你感到疼痛，想告诉别人时，你要做的就是选择一些词语来描述你的感觉。你可能觉得这是理所当然的事，但是维特根斯坦试图质疑这种可以用语言描述感觉的观点。他并不是说你没有感觉，但是，从逻辑上讲，你自己的话语不可能用来代表感觉。这就像如果每个人都有一个盒子,里面装着一只甲虫,而且从来没有给任何人看过,那么当他们谈论彼此的甲虫时,盒子里装的是什么样子其实并不重要。语言是公用的,需要一种每个人都能使用的方式来检查我们说的话是否有意义。维特根斯坦认为,当孩子在学习如何向别人"描述"自己的疼痛时,父母会鼓励孩子采用各种方式来表达,比如说"好痛啊",这句话在很大程度上相当于感到疼痛时的一种自然的反应"哎呀!"。通过这个例子,维特根斯坦想表述的观点是,我们不应该把"我很疼"看作一种描述私人感觉的方式。如果疼痛或其他感觉真的是一种私人感觉,那么我们需要一套自己专用的私人语言来描述。维特根斯坦认为这显然是不对的,他举的另一个例子可能有助于解释为什么他会这样想。

有这么一个人,每当他有一种没有名字的特殊感觉时,也许是一种特殊的刺痛时,他都会记下一笔。每当他感到那种特殊的刺痛时,他就在日记中写上"S"。"S"是他的私人语言中的一个词,其他人都不知道代表什么。这种事情听起来似乎还真有可能会发生,不难想象有人会这样做。但是,如果再想深入思考一下:当他感到刺痛时,他怎么知道确实是"S",而不是另一种刺痛?他不能回到过去,因此无法验证,能够用来对比的只有他对上次发生"S"时的记忆,但这显然是不够的,因为他可能完全搞错了。没有什么办法能保证每次记下"S"的时候一定是在描述同一种刺痛。

维特根斯坦以此为例想表达的意思是，使用文字描述体验的方式，不能建立在私人体验与文字意义的关联之上。在描述过程中，必定有什么东西是可以共同享用的，不可能存在自己的私人语言。依照这一观点，有些说法，比如大脑就像是一个封闭的剧场，没有其他人能够进入，就是有误导性的。在维特根斯坦看来，存在一套用来描述感觉的私人语言这种说法是不能成立的。这一点很重要，也很不容易理解，因为在他之前有许多哲学家认为每个人的思想都是完全私人的。

虽然维特根斯坦一家信奉基督教，但在纳粹统治下，他们被归类为犹太人，幸运的是他们成功逃离了维也纳。二战期间，他还曾在伦敦的一家医院里当过勤务兵。如果他们一家没能逃出来，很有可能会被纳粹战犯阿道夫·艾希曼（Adolf Eichmann）的手下押送到死亡集中营去。艾希曼参与大屠杀以及后来他接受反人类罪的审判，是汉娜·阿伦特（Hannah Arendt）对罪恶本质进行思考的重点。

第三十五章
不做质疑的人
汉娜·阿伦特

纳粹分子阿道夫·艾希曼是一名勤奋的行政官员。从1942年开始,他负责将欧洲的犹太人运送到波兰的集中营,其中包括奥斯威辛(Auschwitz)集中营。这是希特勒"最终解决方案"的一部分:他计划处死所有生活在德占区的犹太人。艾希曼并非这项杀戮政策的制定人,但积极参与了铁路系统的组织工作,使这一计划成为可能。

从20世纪30年代开始,纳粹不断推出剥夺犹太人权利的法律。希特勒几乎把德国的所有问题都归咎于犹太人,并对他们进行疯狂报复。法律禁止犹太人就读公立学校,强迫他们交出钱财,逼迫他们佩戴黄星标识。犹太人受到围捕,被迫居住在城市里的隔离区。这些区域成为犹太人的监狱，拥挤不堪，食物短缺，生活艰难。但是希特勒的"最终解决方案"将罪恶提升到了一个新的高度，欧洲几百万犹太人面临被屠杀的命运。要实现希特勒的计划，必须把犹太人从城市里的隔离区驱赶到其他地方，在那里对他们进行大规模屠杀。现有的集中营被改造成死亡营，其设施能够每天用毒气杀害数百人，然后火化。由于许多集中营都设在波兰，因此必须组织调动火车，把大批犹太人押上死亡之路。

艾希曼的工作就是在办公室收发文件、打些重要的电话这样的行政事务，可与此同时，数百万人却因为他的所作所为而死去。有些人死于伤寒或饥饿，有些人被强迫劳动至死，大多数人死于毒气。在纳粹德国，火车准点运行，艾希曼之流的工作就是为了确保这一点。他们的高效率让火车像牲口车一样，装满男女老少，投入漫长而痛苦的死亡之旅。通常没有食物，没有水，有时酷热，有时寒冷，许多人在旅途中死去，特别是老人和病人。

侥幸活到终点站的人虚弱不堪、充满恐惧。他们被押送到伪装成淋浴间的毒气室，脱光衣服。然后大门被锁上，齐克隆（Zyklon）毒气灌入毒气室，这些人不久便中毒身亡。他们的尸体被焚毁，财物被掠夺。不是每个人一到集中营就被立刻送入毒气室，一些身体较强的人被迫在恶劣的条件下劳动，却仅能得到很少的食物，纳粹警卫还会以殴打甚至开枪射杀他们取乐。

艾希曼在这些罪行中扮演了重要的角色。然而，二战结束后，他却从盟军眼皮底下逃离，辗转抵达阿根廷，在那里秘密生活了几年。1960年，以色列秘密警察摩萨德（Mossad）追踪到布宜诺斯艾利斯（Buenos Aires）将其抓获，给他下了药，带回以色列接受审判。

艾希曼是一个邪恶的野兽、一个享受他人痛苦的虐待狂吗？在审判开始前，大多数人都这么认为。如果不是那样，他怎么可能在大屠杀中扮演这么关键的角色？在那几年中，他的工作就是找到有效的方法将人们送上死亡之路。白天干了那么多坏事晚上还睡得着觉的人，必定是恶魔无疑。

哲学家汉娜·阿伦特（1906—1975）是一个移居美国的德国犹太人，为《纽约客》（New Yorker）杂志报道审判艾希曼的过程。面对面接触一个纳粹极权政权的产物，让她非常感兴趣。在那个极权社会里，人们几乎没有思考的空间。她想要了解这个人，亲身感觉他的行为表现，弄明白他怎么会做出如此可怕的事情。

艾希曼远非阿伦特遇到的第一个纳粹分子。阿伦特自己就是从纳粹德国逃出来的，先是去了法国，最终成为美国公民。她年轻时就读于马尔堡大学（University of Marburg），哲学家马丁·海德格尔（Martin Heidegger）是他的老师。虽然她当时只有18岁，而海德格尔已经结婚，他们还是有了一段短暂的恋情。海德格尔当时正忙着写《存在与时间》（Being and Time, 1962）。这是一本极其晦涩的书，有些人

第三十五章　不做质疑的人

认为是对哲学的重大贡献，另一些人则认为是一部故意写得晦涩难懂的作品。海德格尔后来成为纳粹党的忠实成员，支持反犹太主义。他甚至把以前的朋友、哲学家埃德蒙德·胡塞尔（Edmund Husserl）的名字从《存在与时间》的题献页上去掉，因为他是犹太人。

但是在耶路撒冷（Jerusalem），阿伦特将要见到的却是一个完全不同的纳粹分子。这是一个相当普通的人，他选择不去过多地思考自己在做什么，虽然其行为的后果是灾难性的。他并不是阿伦特之前所想象的恶棍，而是一个平凡得多但同样危险的人：一个不做思考的人。在纳粹德国，最恶劣的种族主义思想被写入了法律，因此他很容易说服他自己所采取的行为是正确的。社会环境给了他一个事业成功的机会，而他就抓住了这个机会。希特勒的"最终解决方案"为艾希曼提供了一个机会来表现自己，证明自己的能力。阿伦特觉得，当艾希曼辩称自己只是在履行职责时，他是真心这么认为的。这一点很难让人理解，许多对阿伦特持批评意见的人也认为在这一点上，她的判断是错误的。

与某些纳粹分子不同，艾希曼的所作所为，其背后的驱动力似乎并不是对犹太人的强烈仇恨，因为他不像希特勒那样对犹太人恨之入骨。很多纳粹分子会因为一个犹太人没有致希特勒万岁礼而将其当街打死，但艾希曼不是那样。正是这样一个人，不但接受了纳粹的官方理念，更为恶劣的是，还将数百万人送上了死亡之旅。艾希曼似乎无法接受自己的所作所为有什么违法之处，即使在法庭上听到对自己不利的证据时，他似乎仍然不认为自己的行为有什么不对。在他看来，因为他没有违反任何法律，没有直接杀害任何人，也没有要求任何人为他杀人，所以他的行为没什么不对之处。他从小就被教育要遵守法律，接受服从命令的训练，他周围的人也都像他一样做着同样的事情。他觉得自己只是接受命令行事，无须对日常工作的后果负责。

艾希曼不需要看见人们是如何被塞进牲口车的，也不需要看见死亡集中营的情形，所以他没有去看。他告诉法庭，他无法成为医生，因为害怕看到血。然而，他的双手却仍沾满了鲜血。他是一个系统的产物，这个系统不仅遏制了他以思辨的眼光审视自己行为的能力，而且让他无视自己的行为对活生生的人带来的灾难，他好像根本无法想象别人的感受。在整个审判过程中，他一直坚称自己是无辜的。要么他确实这么想，要么就是他觉得为自己辩护的最好办法是一口咬定自己只是依照法律行事。如果是后者的话，阿伦特就是被他骗了。

阿伦特用"平庸之恶"（the banality of evil）来形容她对艾希曼观察的结果。我们说某种东西是平庸的，就是指它是普通的、无聊的、无创新的。艾希曼的邪恶是平庸的，因为这是一名官僚、一名办公室经理所做出的邪恶，而非魔鬼所实施的邪恶。在阿伦特面前，是一个非常平凡的人，然而就是这样一个人，让纳粹的理念贯彻到了自己一切所作所为之中。

第三十五章　不做质疑的人

阿伦特的哲学灵感来自她周围发生的事情。她不是那种一辈子坐在扶手椅上思考纯粹抽象概念的哲学家,也不会无休止地争论一个词的确切含义。她的哲学与发生不久的事件以及生活经历有关。她的《艾希曼在耶路撒冷》(*Eichmann in Jerusalem*)一书基于她对受审期间艾希曼的观察,以及对他使用的语言和给出的辩解所做的分析。通过观察,她分析了极权主义国家中发生的罪恶,及其这些罪恶如何造就那些对极权主义不做抵抗的人的思维方式。

艾希曼跟当时许多纳粹分子一样,没有从别人的角度看问题。他没有勇气质疑传达给他的规则,只是一味寻找最好的方式去遵守这些规则。他没有能力设想自己的行为可能带来什么样的后果。阿伦特形容他肤浅、不会思考,当然这也可能是艾希曼为自己脱身而做的表演。如果他是一个恶魔,那确实很可怕,但至少怪物是稀有的,通常很容易一眼看出来。也许,艾希曼看起来很正常这一点更令人恐惧。他只是一个普通人,由于没有质疑自己的所作所为,参与了人类历史上一些最邪恶的行为。如果他不是生活在纳粹德国,也许不太可能成为一个邪恶的人。可以说他生不逢时,但这并不能消除他的罪恶,因为他对不道德的命令言听计从。在阿伦特看来,艾希曼服从纳粹的命令就等同于支持"最终解决方案"。艾希曼不仅没有质疑收到的命令,反而具体执行了这些命令,从而参与了对犹太人的大屠杀。然而在艾希曼自己看来,他不过是编制了一些火车时刻表而已。在审判中,他甚至声称自己是按照康德的道德责任理论行事，仿佛他遵命行事是正确的。他完全没有理解康德认为尊重他人、给人尊严是道德的基础。

有些人侥幸躲过了那些按照艾希曼制定的精确时刻表运行的死亡列车，在大屠杀中死里逃生。这些幸存者中有一名维也纳的知识分子，他的名字叫卡尔·波普尔。

第三十六章
从错误中学习
卡尔·波普尔和托马斯·库恩

1666年,一位年轻的科学家正坐在花园里,突然一个苹果掉到了地上。这让他开始思考为什么苹果会往下掉,而不是往一边或者往上飞。这位科学家是艾萨克·牛顿,这件事启发他提出了万有引力理论。这个理论不仅解释了苹果为什么会落地,而且可以解释行星的运动。但接下来发生了什么呢?你认为牛顿在离开花园后,收集了确凿的证据来证明他的理论是正确的吗?卡尔·波普尔(1902—1994)可不这么认为。

跟我们所有人一样,科学家也是从错误中学习的。当我们明白了某种对现实的理解是错误的,科学就取得了进步。

卡尔·波普尔认为,这就是人类认识世界最好的办法。在他之前,大多数人都相信科学家对世界的理解是从直觉开始,然后收集证据来证明这种直觉是正确的。

波普尔认为,科学家所做的是试图证明自己的理论是错误的,如果需要对一个理论进行检验,就要看它是否能被证伪(即被证明是错误的)。科学家进行研究的典型过程从大胆的猜想开始,然后试图在一系列实验或观察中推翻这一猜想。科学是一项富有创造性和令人兴奋的事业,但并不能证明什么事情是真的,所做的只能是推翻错误的观点,并因此向真理迈进一步。

波普尔1902年出生于维也纳。虽然他的家人已经皈依基督教,但仍是犹太人后裔。当希特勒在20世纪30年代上台时,波普尔明智地离开了奥地利,先是去了新西兰,后来在英国定居,并在伦敦经济学院(London School of Economics)任职。年轻时,他对科学、心理学、政治和音乐有着广泛的兴趣,但哲学才是他的真爱。他的一生对科学哲学和政治哲学都做出了重要的贡献。

在波普尔对科学的研究方法做出论述之前,许多科学家和哲学家都认为,进行科学研究的方法是寻找证据支持提出的假设。如果你想证明所有的天鹅都是白色的,可以对天鹅进行大量的观察。如果观察到的天鹅都是白色的,那么"所有天鹅都是白色的"假设便似乎是合理的。这种推理方法是从"我见过的所有天鹅都是白色的"推断出"所有的天鹅是白色的"。但很明显，在你没有观察到的天鹅中，可能有一只是黑色的，例如在澳大利亚和世界各地的许多动物园里都有黑天鹅。因此，根据现有证据并不能推断出"所有的天鹅都是白色的"这一结论。即使你观察了成千上万只天鹅，并且它们都是白色的，这个结论也可能是错误的。要想最终证明所有天鹅都是白色的，唯一的方法就是观察所有的天鹅。如果有一只黑天鹅存在，"所有天鹅都是白色的"这一论点就被证伪了。

这个例子是"归纳法问题"（Problem of Induction）的一个版本，休谟在18世纪就讨论过这个问题。归纳法与演绎法（Deduction）有很大不同，这就是问题的根源。演绎是一种逻辑论证，如果前提（premise，即起始假设）为真，那么结论必然为真。举一个经常提到的例子："人皆有一死"和"苏格拉底是人"是两个前提，从这两个前提可以得出"苏格拉底会有一死"的结论。如果你同意苏格拉底是一个人，但是否认苏格拉底会死，那么你就自相矛盾了，因为这好像就在说"苏格拉底既是人又不是人"。你可以这么来理解演绎法：结论已经包含在前提之中，演绎法不过是将之表述出来。下面是另一个演绎的例子：

前提一：所有的鱼都有鳃。
前提二：约翰是一条鱼。
结论：因此约翰有鳃。

第三十六章 从错误中学习

如果说前提一和前提二皆为真，而结论为假，那将是荒谬的，因为那完全不合逻辑。

归纳法则大不相同。归纳法通常必须从一批观察结果中得出一个普适的结论。如果你注意到连续四个星期都在星期二下雨，你可能由此推断星期二总是下雨，这就是归纳法的一个例子。但是只要有一个星期二不下雨，就可以否定星期二总是下雨的说法。连续四个下雨的星期二是一个小样本，但是，即使你做了大量的观察，就像上面"白天鹅"的例子那样，你的论点仍然可能被一个例子推翻，比如一个没有下雨的星期二或者一只不是白色的天鹅。这就是"归纳法问题"，即当归纳法显得如此不可靠时，如何证明依靠归纳法是合理的。你怎么知道自己喝的下一杯水不会让你中毒？理由是你过去喝过的水都没让你中毒，所以你假设下一杯水也不会。这是我们一直在用的一种推理方法，然而，我们似乎并不应该如此信赖这种方法。我们对自然界的一些假设，可能是对的，也可能不是。

你也许认为科学发展是通过归纳法实现的，许多哲学家也曾这么认为。如果是这样，你就必须面对"归纳法问题"：科学发展怎么能建立在这样一种不可靠的推理方法之上呢？波普尔关于科学如何发展的观点巧妙地避开了这个问题。在他看来，科学研究并不依靠归纳法。科学家根据现有的知识对自然界的某个问题提出一个假设，比如说"所有的气体在加热时都会膨胀"。这个假设很简单，但在现实生活中，科学家提出假设的过程五花八门，有时候简直可以说是天马行空。例如，化学家奥古斯特·凯库勒（August Kekulé）曾梦见一条咬着自己尾巴的蛇，让他想到苯分子的结构可能是一个六边形环，迄今为止，这个假设都经受住了科学家的证伪。

回到"所有的气体在加热时都会膨胀"这个例子。这个假设提出后，科学家会寻找一种方法来对此进行验证，在这个特定的例子中，采用的验证方法是找到大量不同种类的气体并对其加热。但是这里所说的"验证"并不是寻找证据支持这一假设，而是通过证伪的尝试看能否推翻这一假设。在理想情况下，科学家将试图找到一种不符合这一假设的气体。在天鹅的例子中，只需要一只黑天鹅就可以推翻"所有天鹅都是白色的"这个说法。同样，只要发现一种气体在加热时不膨胀，就能够推翻"所有气体在加热时都会膨胀"的假设。

当科学家驳倒一个假设的时候，也就是说证明它是错误的，一个新的知识点就随之产生：知道这个假设是错误的，我们学到了新的东西，人类因此进步了。观察大量的气体在加热时膨胀不会给我们带来新的知识，只不过让我们对这一假设多了一点信心。但是找到一个反例能够实实在在教会我们新的知识。在波普尔看来，所有的假设都有一个关键特征：必须是可证伪的。他从这一点出发来解释科学与他所称的"伪科学"之间的区别。科学假说是可以被证伪的，凭借这个假说所做的预测是可以被证明是错误的。如果我说"不留痕迹的隐形小仙子让我打这个句子"，那么就没有任何观察手段可以证伪：仙子既然是隐形的，又不会留下任何痕迹，那么就没有任何办法证明他们不存在。这一说法是不可证伪的，所以不是一个科学的陈述。

波普尔认为，许多关于精神分析的陈述（见第三十章）都是不可证伪、无法测试的。例如，如果有人说，每个人的行为都是受潜意识驱动的，那么就没有测试可以对此进行检验。任何一项证据，包括人们否认他们的行为是由潜意识驱动的，都可以被精神分析论当作是支持自己的证据。精神分析学家会说："你否认潜意识存在，这表明你有挑战父亲的强烈潜意识。"这个陈述无法被证伪，因为没有任何可想象的证据能够证明它是错误的。因此，在波普尔看来，精神分析不是一门科学，不能像科学那样给我们带来新的知识。波普尔以同样的方法抨击了马克思主义者（Marxist）的历史观。他指出，每一个可能的结果都可以被马克思主义者用来证明人类历史是阶级斗争的历史，所以，这一理论的基础是不可证伪的假设。

相比之下，爱因斯坦提出的光线会被太阳吸引的理论是可以证伪的，因此是一个科学假设。在1919年一次日食期间，科学家对一些恒星位置的观测结果可以成为证伪这一假设的材料，但是观测结果却未能对其证伪。来自这些恒星的光线通常是看不见的，但是在罕见的日食条件下，科学家能够看到这些恒星，并且它们的位置正是爱因斯坦理论所预测的位置。如果它们出现在不同的地方，就将推翻爱因斯坦关于光线是如何被质量非常大的物体吸引的理论。波普尔认为，这些观察结果并不能证明爱因斯坦的理论是正确的，但是这个理论的可检验性，以及科学家一直无法证明它是错误的这一事实，都支持这一理论是正确的。爱因斯坦做出的预测可以被证伪，但尚未被证伪。

许多科学家和哲学家都极为赞赏波普尔对科学方法的描述。例如，诺贝尔医学奖获得者彼得·梅达瓦（Peter Medawar）就说过："我认为卡尔·波普尔是有史以来最伟大的科学哲学家，无与伦比。"科学家特别欣赏波普尔将研究活动描述为富有创意和想象的一个过程，他们认为波普尔真正理解科学家是如何开展工作的。哲学家则对波普尔绕过"归纳法问题"这一难题感到高兴。然而，在1962年，美国科学历史学家和物理学家托马斯·库恩（Thomas Kuhn）出版了《科学革命的结构》（The Structure of Scientific Revolutions）一书，他对科学发展的总结跟波普尔很不一样。他认为波普尔对科学发展的描述是错误的，原因是波普尔对科学研究史的研究不够仔细，如果他的研究足够仔细，就会看到一种模式。

库恩认为，科学研究在大部分时候属于他所称的"常规科学"（normal science），即科学家在一个大部分同行都认同的框架或"范式"（paradigm[1]）下从事研究。例如，在

---

[1] 又译为"典式"。——译注

人们意识到地球绕着太阳转之前,太阳绕着地球转就是一种范式,天文学家会在这个范式下进行研究,并且试图解释任何似乎不符合这个范式的证据。在这种范式下,像哥白尼(Copernicus)这样提出地球绕着太阳转的科学家可能会被认为在计算中犯了错误。按照库恩的说法,不存在什么正在等待我们发现的真理,相反,当前的框架或范式在某种程度上决定了我们如何进行思考。

有意思的是,当库恩所称的"范式转换"(paradigm shift[1])出现时,会发生什么样的情况?范式转换是全面颠覆对某件事情的理解的一个事件。当科学家发现事实与证据无法用现有的范式来解释时,就会发生范式转换,比如,当天文学家的观测结果再也无法用太阳绕地球转这一范式来解释的时候。但即便如此,人们也需要很长时间才能抛弃旧的思维方式。那些终其一生都在一个范式下工作的科学家通常不会想要用不同的方式看待世界。当他们最终转换到新的范式下之后,一个"常规科学"期就再次开始,大部分科学家开始在新的范式下从事研究,如此不断反复,科学因此得以进步。当地球是宇宙中心的观点被推翻时,即为如此。一旦人们开始以这种范式来思考太阳系,就会有更多"常规科学"来解释行星绕太阳运行的路径。

毫不奇怪,波普尔不同意对科学史的这种诠释,尽管

---

[1] 又译为"典式转移"。——译注

他同意"常规科学"的概念是有用的。他属于不愿意脱离一个过时范式的科学家,还是在不断的证伪中比库恩更接近真理?这是一个有趣的问题。

科学家通过真实的实验进行研究,而哲学家则倾向于以思想实验对他们的论点进行锤炼。哲学家菲利帕·福特(Philippa Foot)和朱迪斯·贾维斯·汤姆逊(Judith Jarvis Thomson)开发了一系列精心构建的思维实验,揭示了道德思维的重要特征。

第三十七章
失控的火车和不受欢迎的小提琴手
菲利帕·福特和朱迪斯·贾维斯·汤姆逊

一天,你外出散步,看到一列失控的火车沿着铁轨疾驰。司机失去了知觉,可能是因为心脏病发作。火车前方的铁轨上有五名工人,如果火车撞上他们,这五个人都不可能活下来。火车速度很快,他们无法躲开。然而,此时还有一线希望。火车在撞上那五名工人之前会经过一个岔道口,可以在这个岔道口把火车引向另一条铁轨,在那条铁轨上的不远处也有工人,但只有一名。你就在岔道口边,可以按下开关,改变火车路线,避开那五名工人,却撞死另一条铁轨上的一名工人。让这个无辜的人死去是正确的选择吗?仅从数量上看,很明显这样做是对的,因为一个人的死会换来五个人获救，这样做可以使幸福最大化。大多数人可能都认为这是一个正确的选择。在现实生活中，很难做到按下开关让某个人死去，但是不采取任何行动，任由五倍多的人被撞死，更加糟糕。

这个思想实验最早由英国哲学家菲利帕·福特（1920—2010）提出，上面提到的是其中一个版本。福特感兴趣的是，为什么大多数人认为按下开关救下铁轨上的五个人是可以接受的，但在其他一些情形下牺牲一个人来救很多人却不能接受。想象有一个健康的人走进医院的病房，里面有五个人急需各种器官。其中一个如果不接受心脏移植肯定会死，另一个需要肝脏，还有一个需要肾脏，等等。杀死这个健康的人，将其身体内的器官分给这五个病人，救活他们，这样做可以接受吗？没有人会觉得可以接受。然而，这同样也是牺牲一个人来救五个人，跟按下开关让那辆失控的火车改道有什么区别？

思想实验是通过一个想象的场景，引出我们的感觉，也就是哲学家所说的直觉（intuition）。哲学家经常采用思想实验进行研究，让我们将注意力集中在行动可能造成的后果上。这个例子提出的哲学问题是：在什么时候牺牲一条生命来拯救更多生命是可以接受的？通过想象这样一个场景，我们能够认真地思考这个问题。思想实验将这个问题的关键因素提炼出来，让我们根据自己的直觉来判断这样做是对是错。

有些人认为你不应该按下开关让火车改道，因为那样做就是在"扮演上帝",即决定谁应该死谁应该活。然而,大多数人认为你应该按下开关。

但是,想象一下另一个相关的场景,这是美国哲学家朱迪斯·贾维斯·汤姆逊对福特思想实验的延伸。这次失控的火车正在一条没有岔道口的铁轨上向五名工人冲去,除非你采取行动,否则他们必死无疑。你站在一座桥上,旁边是一个魁梧的大个子。如果把他推下桥,落在铁轨上,他的体重足以使火车减速并在撞倒五名工人之前停下来。假设你有力气把这个人推下桥,你应该这么做吗?

许多人觉得这个情况更难,并更倾向于说"不",尽管从实际结果看,把旁边的人推下桥,和在岔道口按下开关,你所采取的行动都是为了救下五个人的生命而让另一个人去死。然而,把那名大个子推下桥去看起来很像是谋杀行为。但是如果这两种行为的结果是相同的,照理不应该有什么问题。如果在第一个例子中按下开关是正确的选择,那么在第二个例子中把旁边的大个子推下桥也应该是正确的。为什么大部分人的选择不一样呢?真是令人费解。

如果原因是在这个想象的场景中,把人推下桥这个动作做起来比较困难,或者在扭打中把人推下桥太残忍,那么我们可以把这个场景的设置修改一下,假设说这个大个子刚好站在桥面上的一个活板门上。你只要按一下开关,就像是在第一个例子中一样,只需花很小的力气,轻轻动一下操纵杆,就可以让大个子掉到下面的铁轨上。许多人仍然感觉在道义

第三十七章　失控的火车和不受欢迎的小提琴手

上，这个例子和前面岔道口的例子很不一样，为什么？

解释之一是所谓的"双重效应原则"（Law of Double Effect）。根据这一原则，如果有人要伤害你，为了保护自己不受伤害，而且你知道如果只是轻轻反击完全无法保护自己，那么大力击打甚至于将这个人打死，是可以接受的做法。良好的意图（在这种情况下是为了保护自己）可能产生可以预见的不好作用，这是可以接受的，但是蓄意伤害则不行，比如故意去给一个打算杀害你的人下毒，是不对的。在第一种情况下，你的意图良好，可以令人接受，虽然坚持做下去的结果是导致他人死亡。在第二种情况下，你真正的意图是杀死这个人，这是不可接受的。对于一些人来说，采用双重效应原则解决了上面的思想实验所带来的难题，其他人则认为双重效应原则是错误的。

上面这些场景可能显得牵强附会，与日常生活毫无关系。从某种意义上说确实如此。这些非真实事例作为思想实验，旨在厘清我们内心真实的想法。但是现实生活中，类似的情况也曾出现过，让人们面对类似的抉择。例如，二战期间，纳粹德国向伦敦发射导弹，此时有一个潜伏在英国的德国间谍变成了为英国服务的双重间谍。英国人可以通过这个双重间谍向德国人发送误导信息，告之导弹落在了预定目标以北。德国人就可能据此修正发射目标，于是导弹不再落在伦敦，而是落在人口稀疏的肯特（Kent）郡和萨里郡。也就是说，此举可能减少遭受火箭袭击的人数，减少生命损失。在这个实例中，英国人决定不扮演上帝，没有采取行动。

在另一个真实事例中，置身其中的人采取了行动。在1987年的泽布吕赫（Zeebrugge）灾难中，一艘汽车渡轮沉没，数十名乘客奋力挣扎着逃离冰冷的海水。一个年轻人顺着绳梯爬上了安全之处，但因为恐惧而僵住，动弹不得，挡住了其他人的逃生之路，这样下去其他人就会被淹死或冻死。他僵在那个位置上无法动弹至少有十分钟时间，最终那些还泡在水中的人决定把他从梯子上拉下来，得以安全逃脱，但是那个年轻人却掉进海里淹死了。把那个年轻人从绳梯上拉下来一定是一个痛苦的选择，但在这种极端情况下，就像面临失控的火车那样，牺牲一个人来拯救许多人可能是正确的做法。

今天，哲学家仍在辩论失控火车的例子以及如何解决这个困境。另一个仍富有争议的思想实验是由朱迪斯·贾维斯·汤姆逊（生于1929年）提出的，用来说明一个采取避孕措施但仍然怀孕的妇女没有道义上的责任要生下这个孩子。她可以选择堕胎，而不应该被指责做了不道德的事。如果她选择生下孩子，那将是一种善行，但不是义务。传统上，关于堕胎的道德争论集中在胎儿身上。汤姆逊的观点非常重要，因为她给予了女性视角很大的重视。下面是这个思想实验的一个版本。

一名著名的小提琴家患有严重肾病，唯一生存的机会是用导管把自己和一个跟他有同样罕见血型的人连接起来。你恰好跟这个小提琴手有着同样的血型。一天早上,你醒来时,发现在自己睡着的时候,医生已经把小提琴手和你用导管连接了起来。汤姆逊认为,在这种情况下,你没有义务让他继续连在你的肾脏上,即使你知道如果拔出导管,他会死去。她指出,跟这种情况一样,如果一个女人在使用了避孕措施后仍然怀孕了,那么正在她体内发育的胎儿并不能自动拥有使用她身体的权利。胎儿就像这个思想实验中的小提琴手一样。

在汤姆逊提出这个思想实验之前,许多人认为问题的关键是:"胎儿是人吗?"他们认为,如果可以证明胎儿是一个人,那么显然堕胎在任何情况下都是不道德的。汤姆逊的思想实验表明,即使接受胎儿是一个人,也不能就此给这个问题下结论。

当然,并不是每个人都同意这个答案。有些人仍然认为,即使你一觉醒来发现有一个小提琴手连接到了你的肾脏上,你也不应该采取行动扮演上帝。你今后的人生将很艰难,除非小提琴音乐是你的无上真爱。但是,即使你没有主动选择和小提琴手通过这种方式连接起来,杀死他也是不对的。同样,很多人认为即使你不打算怀孕,并且做了避孕措施,也不应该故意终止一个健康胎儿的生命。这个巧妙构建的思想实验所做的,是揭示出这些观点背后的深层理念。

政治哲学家约翰·罗尔斯(John Rawls)也设计了一个思想实验,用来研究正义的本质和组织社会的最佳原则。

第三十八章
无知带来的公平

约翰·罗尔斯

也许你很富有，也许你是超级富豪，但我们大多数人都不是。有些人非常贫穷，在贫病交加中度过短暂的一生。这既不公平也没有道理。如果世上有真正的正义，就不会出现一些儿童忍饥挨饿，另一些却钱多得不知道该怎么办这样的情况。如果世界上有真正的正义，每一个病人都能得到良好的治疗，非洲的穷人不会比美国和英国的穷人更穷，西方的富人不会比生来就处于劣势的人富上千万倍。正义就是公平对待人民。有些人的人生自小鲜花铺就，而另一些人，不是因为自己的过错，却很少有机会选择可以如何生活：他们对工作没有选择，甚至无法选择住在哪里。每当谈到这些不平

229　等现象，有些人就会耸耸肩说，"哦，生活本来就不公平"，可这些人通常自己却是特别幸运的。但也有一些人会下功夫，仔细思考应该如何更好地组织社会，他们或许还会试图改变社会，使其变得公平一些。

约翰·罗尔斯（1921—2002）是一位沉静而谦逊的哈佛学者，他的著作《正义论》（*A Theory of Justice*，1971）改变了人们对这些问题的思考方式。《正义论》是罗尔斯近20年苦心思索的结晶，是一位哲学教授写给其他哲学教授看的一本书，风格相当枯燥。这类作品大都在图书馆攒灰，可《正义论》的命运却截然不同，成为一本畅销书。从某种角度来说，有这么多人愿意读这本书着实令人吃惊，但其实这本书的核心理念极为有趣，很快就成为20世纪最有影响力的书籍之一。读者中有哲学家、律师、政治家和其他许多人，这是罗尔斯自己做梦也想不到的事情。

罗尔斯参加过二战。1945年8月6日，当原子弹在日本广岛上空爆炸时，他正在太平洋战场服役。战争的经历对他影响至深，他认为使用核武器是错误的。跟许多经历过那场战争的人一样，他希望创造一个更好的世界，一个更好的社会。但是，他寻求改变的方式是通过思考和写作，而不是参加政治活动和集会。他书写《正义论》的时候，正值越南战争期间，美国各地都发生了大规模的反战抗议活动，并非所有的抗议活动都是和平进行的。罗尔斯选择研究抽象的正义问题，而不是陷入当时的热点。他理论的核心是，我们需要清楚地思考应该如何共存，以及国家如何影响我们的生活。为了生活下去，我们需要合作。但应该怎么做呢？

想象一下，如果要你来设计一个崭新的社会，一个好一些的社会，首先需要回答的关键问题可能是："谁应该得到什么？"如果你住在漂亮的大屋里，有私家室内游泳池，周围有仆人照应，有私人飞机随时可以把你送去热带岛屿度假，你设计的社会可能会是：一些人非常富有，也许因为他们工作最为努力，而另一些人的钱则少得多。如果你生活在贫困之中，你可能会设计一个不允许任何人成为超级富豪的社会，每个人都能以更为公平的方式分得一部分社会资源，不允许有私人飞机，而同时那些不幸的人会有更多的机会。这就是人类的本性：不管是否意识到这一点，当描述一个更美好的世界时，人们想到的往往是自己的位置。预设的偏见和认识的偏差扭曲了政治思维。

罗尔斯的天才之举是设想出了一个思想实验，也就是他称之为"原初立场"（The Original Position）的实验，淡化了我们所有人都有的一些自私的偏见。这个思想实验的核心很简单：设计一个更好的社会，但不知道自己将在这个社会中占据什么位置。你不知道自己是富有还是贫穷，是否有残疾，是美是丑，是男是女，聪明或不聪明，是否有才能或技术，是否是同性恋，是否是双性恋或异性恋。罗尔斯认为，在这个虚构的无知之幕（veil of ignorance）后面，你将倾向于选择更公平的原则，因为不知道自己会落在什么位置上，会成为什么样的人。从这种不知道自己位置的简单选择方式出发，罗尔斯发展出了他的正义论理念，以两个原则为基础：自由和平等，他认为所有理性的人都会接受这两个原则。

第一个是"自由原则"（Liberty Principle）：每个人都应该享有一系列不可剥夺的基本自由，比如信仰自由、选举领导人的自由和广泛的言论自由。罗尔斯认为，这些自由非常重要，即使限制其中一些自由能够改善大多数人的生活，也不能超越保护这些自由的重要性。跟其他自由主义者一样，罗尔斯非常重视这些基本自由，相信每个人都有权利享有这些权利，没有人应该剥夺这些权利。

罗尔斯的第二个原则，"差异原则"（Difference Principle），是有关乎平等。社会应给予最为弱势的群体更为平等的财富和机会，如果社会上不同的人得到的金钱数量不同，那么唯一允许出现这种不平等的情况是如果这么做能直接帮助最穷困的人。银行家的收入可以比最低收入者高一万倍，但是这种情况只有在最低收入者可以直接受益，并且能够因此增加收入的情况下才能够获得允许。如果罗尔斯掌权，没有人能获得巨额奖金，除非最贫穷的人能够因此增加收入。罗尔斯认为，如果人们不知道自己会变得富有还是贫穷，他们就会选择这样的社会。

在罗尔斯之前，哲学家和政治家在思考谁应该得到什么这个问题时，通常倾向于支持让社会平均财富增加的做法，但这种状况下的社会，可能有一些人极为富裕，许多人适度富裕，还有少部分人非常贫困。在罗尔斯看来，有一种状况更好，即没有超级富豪，但是每个人都享有更平等的份额，即使这意味着社会平均财富要低一些。

这是一个具有挑战性的想法，特别是对那些有能力在现实中获得高收入的人来说。对此提出质疑的包括罗伯特·诺齐克（Robert Nozick，1938—2002），他是美国一位重要的政治哲学家，在政治上比罗尔斯右倾。他提出，前来欣赏一位优秀篮球运动员比赛的球迷应该拥有把自己所付门票钱的一小部分送给那名篮球运动员的自由，选择这样花钱是他们的权利。诺齐克认为，如果有数百万人前来观看这名球员的比赛，那么他因此赚得几百万美元是件公平的事。罗尔斯完全不同意这种观点，他认为，除非这笔交易让最贫穷的人因此增加收入，这名篮球运动员的个人收入不应该达到如此高的水平。罗尔斯看法颇为具有争议：天才运动员或高智力人士不应该自动享有获得高收入的权利，这在一定程度上是因为他相信运动能力和智力是一种好运气。仅仅因为你足够幸运，跑得快或是球玩得好，或是特别聪明，并不意味你就应该比别人得到更多。具有运动天赋或聪明才智是因为你"中了自然的彩票"。许多人强烈反对这种观点，认为优秀应该得到奖赏，但是罗尔斯认为，在擅长某事和应该得到更多报酬之间没有必然的联系。

但是，如果在无知之幕的背后，有些人更愿意赌一把呢？如果他们把生活想象成彩票，想要确保在社会上有一些非常有吸引力的职位，那会怎么样？赌徒为了有机会变得极其富有，可能会甘心冒着变穷的危险。因此，在他们喜欢的社会中，经济地位的差异比罗尔斯描述的社会更为悬殊。罗尔斯认为，理性的人不会以这种方式赌上自己的人生。也许他在这一点上是错的。

20世纪的许多哲学家与过去的伟大思想家已经没有任何思想上的关联。罗尔斯的《正义论》是20世纪为数不多的值得与亚里士多德、霍布斯、洛克、卢梭、休谟和康德相提并论的政治哲学著作之一。罗尔斯本人可能过于谦虚，不会同意这种观点。但是他作为一个榜样，激励了新一代哲学家，包括迈克尔·桑德尔（Michael Sandel）、托马斯·波格（Thomas Pogge）、玛莎·努斯鲍姆（Martha Nussbaum）、威尔·金里卡（Will Kymlicka）等。他们都认为，哲学家的任务之一是思考我们应该如何，以及怎么才能共同生活在同一个世界里这样深刻和困难的问题。与上一代某些哲学家不同，他们并不羞于回答这些问题，也不害怕激发社会变革。他们认为，哲学应该真正改变我们的生活方式，而不仅仅是改变我们如何讨论生活方式的改变。

另一位持有这种观点的哲学家是彼得·辛格。他是本书最后一章的主角。在研究他的思想之前，我们先来探讨一个日益重要的问题："电脑会思考吗？"

第三十九章

电脑会思考吗？

艾伦·图灵和约翰·希尔勒

你坐在一个房间里，房门上有一个投信口，时不时会有一张卡片从投信口里塞进来，掉在门口的踏脚垫上。卡片上是一个歪歪扭扭的符号，你的任务是从房间里桌子上的一本书里找到相同的符号。在这本书中，每个符号都有另一个配对的符号，在知道配对的符号是什么之后，你要从房间里的一叠卡片中找到一张印有配对符号的卡片，然后把那张卡片从投信口塞到房间外。你这样做了一阵之后，很想知道到底是在做什么事情。

这就是美国哲学家约翰·希尔勒（John Searle，生于1932年）提出的所谓"中文房间"（Chinese Room）的思想实验[1]。这是一个虚构的场景,旨在表明计算机即使看起来像是在思考,其实并不能真正思考。想要知道在这个场景中发生了什么,先必须了解一下"图灵测试"(Turing Test)。

艾伦·图灵(Alan Turing,1912—1954)是剑桥大学一位杰出的数学家,现代计算机的发明者。二战期间,他在布莱切利园(Bletchley Park)制造了可以进行数字计算的机器,用于破解德国潜艇使用的"恩尼格玛"(Enigma[2])密码,盟军因此可以破译德国密码电报,提前了解纳粹的行动计划。

让图灵十分感兴趣的一个想法是,计算机不仅可以用来破解密码,而且可以真正拥有智能。他在1950年设计了一个测试,并提出计算机必须通过这个测试,才能称得上拥有智能。这个测试后来被称为针对人工智能的"图灵测试",但他最初称之为"模仿游戏"(Imitation Game),这是因为他相信大脑的有趣之处并不在于其外形,大脑的功能重要得多。计算机对大脑的模仿并不是在外形上,计算机由电子元件制成,可能有一个很硬的外壳,在外形上与人脑完全不同,但是却能够做大脑会做的许多事情。

当我们判断一个人是否聪明时,是基于他对问题的回答,而不是打开他的大脑,看看神经元是如何连接起来的。因此,

---

[1] 这个思想实验是针对西方读者设计的,卡片上歪歪扭扭的符号是中文,在设计实验时假设读者不懂中文。——译注
[2] 意为"谜"。——译注

当判断计算机是否有智能时，我们也应该关注外部证据，而不是其构造。不管所面对的是计算机还是人脑，我们都应该以输入和输出作为判断依据，而不是血液和神经，或者里面的布线和晶体管。图灵建议的测试是这样的：一名测试人员坐在一个房间里，通过屏幕与另一个个体对话。测试者不知道对方是坐在另一个房间里的人，还是一台自己生成答案的计算机。如果在交谈过程中测试人员不能分辨对方是人还是计算机，那么计算机就通过了图灵测试。如果一台计算机通过了图灵测试，那么便可以说它是拥有智能的，这么说不是比喻，而是说它真正拥有了人脑的智能。

希尔勒"中文房间"这个思想实验，意在表明即使一台计算机通过了图灵测试，也不能证明它真正理解任何东西。在这个房间里，你看到投信口里塞进来的卡片上有奇怪的符号，这些其实是中文，这里希尔勒假设你不懂中文，所以根本看不懂卡片上写的是什么，但是房间的桌子上有一本书，这是一本指导你配对的规则手册，于是你找到了与卡片内容配对的另一些内容并送出房间。你只是按照规则行事，这个任务对你来说毫无意义，你也不知道自己为什么要这么做。但是，从投信口塞进来的是中文问题，而你根据规则手册，用中文给出了像模像样的答案，于是你所在的这个房间在"模仿游戏"中胜出，因为你给出的答案愚弄了房间外面的人，让他们以为你懂中文，能用中文交流。这就表明一台通过"图灵测试"的电脑并不一定拥有智能，因为房间里的你根本不知道卡片上的内容和配对的回答到底是什么。

希尔勒认为，电脑就像中文房间里的那个人，它们并没有真正的智能，也不能真正地思考。他们所做的不过是按照制造者设定的规则来整理符号，整个流程是内置在软件中的，但这不同于真正理解某事或拥有真正的智力。换一种说法，程序员给了电脑一套句法（syntax），即提供了正确处理这些符号的规则，但是没有给电脑提供语义（semantics），也就是没有给符号赋予意义。人类说话是为了表达意义，并以此将自己的想法与周围的世界通过各种方式联系起来。计算机仿佛在说一些有意义的话，但其实只是在模拟人类，就像鹦鹉能模仿人类说话，但从来不真正明白自己在说什么一样。同样，希尔勒认为，计算机并不能真正理解或思考任何事情，就像你懂了句法，但不能因此明白语义。

对希尔勒思想实验的批评是，它只关注房间里的人是否理解正在发生什么，但这是错误的，因为人只是整个系统的一部分，即使这个人不明白发生了什么，也许整个系统（包括房间、桌上的规则手册、有配对符号的卡片等）是明白的。希尔勒对此的回应是对上面的思想实验进行了修改：不再是一个人在房间为写着看不懂的符号的卡片配对，而是想象这个人已经记住了整本规则手册，站在一片田野中，完成为卡片配对的任务。这个人仍然不明白每张卡片上写的是什么，尽管他能为每个问题给出正确的答案。所以，仅仅是能给出正确答案并不代表理解问题是什么。

然而，一些哲学家仍然坚信，人类的大脑就像一个电脑程序。他们相信电脑真的能够思考。如果他们是对的话，那么也许有一天人们可以将大脑中的思想意识转移到电脑中。如果你的大脑是一个程序，现在它在你颅骨内湿漉漉的脑组织中运行，说不定在未来的某个时刻，它会在一台锃亮的大型计算机里运行。如果在超级智能计算机的帮助下，你大脑中数十亿个功能连接都能一一梳理清楚，那么也许有一天，死亡之后的永生将成为可能。你的大脑可以被上传到一台计算机里，它可以在你的身体被埋葬或火化之后继续长久地工作。当然这样的存在到底好不好，则是另一个问题。然而，如果希尔勒是对的话，尽管这台电脑对任何问题都能给出回答，仿佛有意识一般，这依然不能保证你的大脑在上传之后是有意识的。

60多年前，图灵就已经确信电脑可以思考。如果他的预测准确，那么电脑开始思考哲学问题的日子也许就不会太远了，这样的场景，也许比电脑让我们超越死亡更有可能实现。也许有一天，计算机甚至会对我们应该如何生活、现实的本质这些最根本的问题发表一些有趣的看法，这些都是哲学家几千年来一直在努力解决的问题。然而，在那之前，我们仍然需要依靠有血有肉的哲学家来阐明我们对这些问题的思考，其中最有影响力和最具争议的是彼得·辛格。

第四十章

当代牛虻

彼得·辛格

你在一个花园里,知道花园里有一个池塘。这时你听到水花四溅的声音,还有人大喊大叫。你意识到一个小孩子掉进了水里,可能会溺水。你会怎么办?继续走你的路吗?显然,即使答应了去见朋友,而停下来救人会让你迟到,你也肯定会把孩子的生命看得比准时更重要。这个池塘很浅,但很泥泞。如果去救孩子,一定会把脚上这双你最好的鞋子弄坏,但如果你以此为借口袖手旁观,肯定没有人能理解这样的理由。这是一个关于做人意味着什么和珍视生命的问题。一个孩子的生命比任何一双鞋子都要珍贵得多,不管那双鞋子有多昂贵。不这么想的人,都是可怕的人。你会跳进水里救人，不是吗？你当然会。同样的，你可能也足够富足，有财力让一名非洲儿童免于饿死，或是让他避免因患上本可治愈的热带疾病而夭折的命运，做这件事你需要花的钱可能并不会比那双鞋子的价格高多少。

那么，为什么你没有出钱帮助非洲孩子呢——假设你目前还没有的话？找对了慈善机构，捐出一点钱，你就可以挽救至少一条生命。现在有许多儿童疾病很容易预防，只要用相对不多的钱来接种疫苗和购买药物就可以。但是，为什么你对有生命危险的非洲儿童和眼前即将溺死的孩子，有着不一样的感觉？如果你对两者的感觉是相同的，那你还真是不同寻常。我们大多数人对两者的态度都是不同的，尽管我们会为对此感到尴尬。

澳大利亚哲学家彼得·辛格（生于1946年）认为，在你面前溺水的孩子和在非洲挨饿的儿童之间没有太大的不同。我们应该对全世界范围内需要别人施以援手的人表现出更多的关心。如果我们不做点什么，那些本可以活下来的孩子肯定会夭折。这不是猜测，这是我们知道的事实：每年都有成千上万的儿童死于与贫穷相关的原因，如饥饿，而在发达国家，我们却常常扔掉冰箱里放坏的食物，仅仅因为忘记了及时吃掉。在世界上的贫困地区，有些人甚至喝不上清洁的水。因此，我们应该舍弃一两个我们并不真正需要的奢侈品，去帮助那些生来一无所有的人。以这种哲学指导生活确实很难，但这并不意味辛格的理念是错误的。

你也许会说，如果我不捐钱给慈善机构，其他人可能会捐。问题在于，我们都可能成为旁观者，每个人都认为该做的事情有别人去做。全世界有很多人生活在极端贫困中，每天食不果腹，如果仅有少部分人采取行动，根本无法满足这些穷人的需求。当一个孩子在你面前溺水的时候，你很容易看到是否有其他人会伸出援手，而对于那些在遥远国度遭受苦难的人，我们很难去了解自己的行动会如何改善他们的生活。但这并不意味着什么都不做就是最好的解决办法。

与此相关的一个议题是，人们担心，向海外提供援助会使那里的穷人依赖富人，而不自己动手去种植粮食、修建水井、建造居屋，由此造成的后果，随着时间的推移，可能比根本不给予援助更糟糕。我们知道，确实在某些情况下，一个国家可能变得依赖外国援助。然而，这并不意味着我们应该停止向慈善机构捐款、拒绝伸出援手，我们应该做的，是仔细考虑这些慈善机构提供的援助方式。例如，为穷人提供一些基本的医疗条件，就可以让他们更有机会自力更生，摆脱外来援助。有些慈善机构非常善于培训当地人实现自助，建造水井提供清洁饮用水或开展健康卫生教育。辛格的观点不是说我们可以捐钱了事，而是说应该把钱捐给那些最有可能让世界上生活条件最差的人受益的慈善机构，帮助这些人独立生活。他希望表达的意思非常明确：你极有可能对他人的生活产生有意义的影响，而且你应该这么做。

辛格是在世的最著名的哲学家之一，这在一定程度上是因为他对几种广为接受的观点提出了挑战，而且他自己的一些观点也极具争议性。许多人相信，人类的生命是绝对神圣的，杀人永远是错误的。辛格却不这么看，他认为在某些情况下，安乐死可能成为适当的选择。例如，某人长期处于植物人状态，已无法逆转，也就是说，只是作为一个没有意识的肉体生存着，而且没有任何康复的机会，对未来没有任何希望。他认为，让这些人活在这种状态下没有意义，因为他们没有能力获得快乐，也没有能力对自己如何生存做出选择。他们没有继续活下去的强烈愿望，因为他们根本没有产生愿望的能力。

正是因为持有这种观点，一些人对他非常讨厌，甚至称他为纳粹分子，尽管知道他的父母是逃离纳粹统治的维也纳犹太人，原因只是辛格为在上述特殊情况下实施安乐死进行了辩护。辱骂辛格的人说，纳粹杀害成千上万患病和身体或精神残疾的人，用的借口就是这些人不值得继续活下去。然而，将纳粹的杀人计划称为安乐死是不对的，因为纳粹实行的屠杀，并不是为了防止不必要的痛苦，而是为了摆脱那些被纳粹蔑称为"无用的嘴巴"的人。在纳粹看来，这些人不能劳动，而且会污染雅利安人种，纳粹的行径根本毫无怜悯之意。与此相反，辛格关心的是特殊情况下的生活质量。他肯定不会支持纳粹的屠杀政策，尽管他的一些反对者故意夸张，使这两种完全不同的观点听起来非常相似。

辛格最初成名是因为他关于如何对待动物的理论，他这方面的著作具有很大的影响力，尤其是1975年出版的《动物解放》(Animal Liberation)。在19世纪早期，边沁主张有必要认真对待动物的苦难，但是在20世纪70年代，当辛格的写作开始涉及这个主题时，仍然很少有哲学家以同样态度看待这个问题。跟边沁和穆勒（见第二十一章和第二十四章）一样，辛格也是一个结果主义者（consequentialist），这意味着他相信最好的行动就是产生最好结果的行动，而为了得到最好的结果，我们需要考虑什么是最符合所有相关方利益的行动，包括动物的利益。跟边沁一样，辛格认为，在涉及动物的利益时，最关键的是它们感知疼痛的能力。作为人类，我们有时感受的痛苦比动物在类似情况下更大，因为我们有能力推理，并且能理解发生在自己身上的事情。这一点也需要加以考虑。

辛格称那些不重视动物利益的人为物种主义者（speciesist）。物种歧视和种族歧视、性别歧视有相似之处。种族主义者会区别对待自己种族的成员，给予他们特殊待遇，而不给其他种族成员应得的东西。例如，一个白人种族主义者可能会把工作机会给另一个白人，即使一个更有资格的黑人也申请了这份工作。这显然不公平，也是错误的。物种主义跟种族主义非常类似，其根源在于只从自己物种的视角看问题，或者严重偏袒自己的物种。当决定需要做什么的时候，许多人只把人纳入考虑范围之内，而忽视动物。这么做是错误的，因为动物也会感受到痛苦，它们的苦难也应该被纳入考虑之中。

给予同等的尊重并不意味着以完全相同的方式对待每一种动物，包括人类，这么做根本行不通。如果你挥手拍打一匹马的臀部，可能不会给这匹马造成太大的痛苦，因为马的皮很厚。但是，如果你对一名婴儿做同样的事情，就会带来剧烈的疼痛。但是，如果打马所造成的疼痛程度跟打婴儿一样，那么这种行为就跟打婴儿一样，在道德上是错误的。当然，这两件事情你都不应该做。

辛格认为，我们都应该成为素食主义者，因为不吃动物也能过得很好。大多数以饲养和屠宰动物为手段生产食物的过程都会对动物造成痛苦，有些畜牧业的操作非常残忍，会让动物感到剧烈的痛苦。例如，一些工厂化养殖的鸡生活在狭小的笼子里，一些集中饲养的猪被关在小到无法转身的猪栏里，牛被屠宰的过程对它们来说往往极其痛苦。辛格认为，继续这种畜牧方式在道义上是错误的，即使可以采用更人道的办法，通过畜牧方式生产肉食也是没有必要的，因为我们不吃肉也很容易活下去。为了宣扬这个观点，他甚至在一本书中加入了扁豆汤食谱，鼓励读者寻找肉的替代品。

农场动物并不是唯一遭受人类践踏的动物。科学家利用动物进行研究，老鼠和豚鼠、猫、狗、猴子，甚至是黑猩猩都可能成为实验动物，其中许多因为被下药或被电击而遭受痛苦和折磨。辛格提出了一种方法来测试某项研究在道德上是否可以接受：我们会在一个大脑受损的人身上进行同样的实验吗？如果回答是不，那么在具有类似心理意识水平的动物身上进行同样的实验是不对的。这是一个很难通过的测试，没有多少实验能让人回答"会"。所以，辛格强烈反对在研究中使用动物。

辛格对道德问题的探讨，是基于一致性的理念，即以相似的方式处理相似的情况。如果说伤害人类不对，是因为会引起痛苦，那么我们的行为是不是会引起其他动物的痛苦，也应该纳入考虑之中。假设在某个情形中，伤害一只动物带来的痛苦比伤害一个人带来的痛苦更大，而你不得不选择其一，那么更好的做法是伤害这个人。

就像许多年前的苏格拉底一样，辛格公开发表言论、探讨应该如何生活时，是冒着一定个人风险的。有人针对他的一些讲座举行抗议，他还收到过死亡威胁。但是，他所代表的是哲学中最好的传统：不断挑战人们普遍持有的看法，他自己的生活方式符合他倡导的哲学理念，他随时准备挑战身边人的不同观念，积极参与公共讨论。

最重要的是，辛格以经过充分研究的事实为依据，提出合理的论据来支持自己的结论。你即使不同意他的结论，也能看出来他是个真诚的哲学家。毕竟，哲学是在辩论中发展起来的，依靠人们以相互对立的立场运用逻辑和证据进行辩论。如果你不同意辛格的观点，例如，关于动物的道德地位或者什么情况下安乐死在道德上可以被接受，阅读他的作品仍然很有意义，可以促使你认真思考自己的观点，以及用什

第四十章　当代牛虻

么样的事实、理由和原则来支持自己的观点。

哲学始于苏格拉底提出的尴尬问题和难以应对的挑战,只要有像辛格这样的现代牛虻哲学家存在,苏格拉底的精神很有可能会继续塑造哲学的未来。

译名对照表

a state of nature 自然状态
A Theory of Justice《正义论》
absurdity 荒谬性
agnostic 不可知论者的
agnosticism 不可知论
alienation 异化
Alsatian 阿尔萨斯狗
amphetamine 安非他命
An Assay Concerning Human Understanding《人类理解论》
analytic 分析的
analytic statements 分析陈述
Ancient World 古代
anguish 痛苦焦虑
anguish of choice 选择的痛苦焦虑
Animal Liberation《动物解放》
anthropomorphism 拟人伦
anti-Semite 反犹太主义者
antithesis 反题（反论点、反旨）
Archbishop of Canterbury 坎特伯雷大主教
Argument from Miracles 奇迹论证（神迹论）
atheism 无神论
atheist 无神论者
Autobiography《自传》
auto-icon "自身像"

bad faith 自欺
Being and Nothingness《存在与虚无》
Being and Time《存在与时间》

bewitchment by language 语言的蛊惑
beyond good and evil 超越善与恶
Bishop of Cloyne 克洛因主教
bondage "奴役"
Boo!/Hooray! Theory "呸／棒"理论
bourgeoisie 布尔乔亚
British Museum 大英博物馆

Campaign for Nuclear Disarmament 销毁核武器运动，简称 CND
Candide《老实人》
Candide 赣第德
Cartesian co-ordinates 笛卡尔坐标
Cartesian Dualism 笛卡尔二元论
cash value "兑现价值"
Categorical Imperative 定言令式（定然律令、绝对律令）
Charles II 查尔斯二世
Chinese Room 中文房间
City of God《上帝之城》
cogito ergo sum 我思故我在
communism 共产主义
Communist Manifesto《共产党宣言》
condemned to be free 命定自由
consul 执政官
Confessions《忏悔录》
consequentialist 结果主义者
Copernican revolution 哥白尼日心说
Creator 造物主

Dapple "斑点"
Day of Judgement 审判日
dead dogmas 僵死的教条
Deduction 演绎（演绎法）
deist 自然神论者
Design Argument 设计论证
determinist 决定论者
Dialogues Concerning Natural Religion《自然宗教对话录》
Difference Principle 差异原则
Discourse on Method《谈谈方法》
Divine Architect 神圣的建筑师
Divine Watchmaker 神圣的钟表匠
dogmatism 教条主义
Dr Pangloss 邦格罗斯博士

Edmund Husserl 埃德蒙德·胡塞尔
egalitarian 平等主义者
emotivism 情绪主义（情感主义）
Eichmann in Jerusalem《艾希曼在耶路撒冷》
Either/Or《非此即彼》
empiricist 经验论者
Enigma 恩尼格玛
English Civil War 英国内战
Enquiry Concerning Human Understanding《人类理解研究》
epicure 享乐主义者
epicurean 享乐主义
Esse est percipi 存在就是被感知
essence 本质
Ethics《伦理学》
existentialism 存在主义
Existentialism is a Humanism 存在主义是一种人道主义
existentialist 存在主义者
eudaimonia 幸福

false awakening 假醒
family resemblance 家族相似性

Fear and Trembling《恐惧与战栗》
Felicific Calculus 幸福计算法
First Cause Argument 第一因论证
Five Ways 五路证明
forced to be free 强迫自由
Form 理型（形式、表相）
free association 自由联想法
Free Will Defence 自由意志防御
Freudian 弗洛伊德主义者
Freudian slips 弗洛伊德式口误
function 功能

Garden of Eden 伊甸园
General Will 公意（共同意志、全意志）
Genesis《创世纪》
Golden Mean 黄金中道（中庸之道、中道主义）
God or Nature 上帝即自然
Good Samaritan 好撒玛利亚人
Goth 哥特人
Greatest Happiness Principle 最大幸福原则

Gulliver's Travels《格列佛游记》

Harm Principle 危害原则
HMS Beagle 皇家海军小猎犬号
How is synthetic a priori knowledge possible? 为什么可能存在先验综合知识?
human animal 作为动物的人
hypothetical imperative 假言令式（假然律令）
human nature 人本性

idea 观念
idealism 观念论/唯心主义
idealist 唯心主义者（观念论者）
igthesim 蔑神论
igthesit 蔑神论者
Iliad《伊利亚特》
immaterialism 非物质论
immaterialist 非物质论者
immoralist 非道德主义者
Imitation Game 模仿游戏
Induction 归纳，归纳法
intuition 直觉

Jansenism 詹森主义（杨森主义、詹辛主义、冉森派）
Jansenist 詹森主义者
Joyful Wisdom《快乐的智慧》（《欢悦的智慧》）

Language, Truth and Logic《语言、真理和逻辑》
Law of Double effect 双重效应原则
Les Deux Magots 两个智者
Leviathan《利维坦》
Liberty Principle 自由原则
linguistic turn 语言学转向
Linnean Society 林奈学会
logical positivism 逻辑实证主义
look and see 不仅要"观"还要"察"
Lyceum 吕克昂

man 人体
Mandragola《曼陀罗》
Manichaean 摩尼教徒
Manichaeis 摩尼教
Manx 马恩岛猫
Marriage and Morals《婚姻与道德》

Marxist 马克思主义者
materialist 唯物主义者
maternalism 母爱主义
maxim 格律
Medici 美第奇家族
Meditations《沉思录》
metaphysician 形而上学家
metaphysics 形而上学
Method of Cartesian Doubt "笛卡尔怀疑"方法论
Mind 心灵
Minerva 密涅瓦
Mossad 摩萨德
Museum of Natural History 自然历史博物馆
multiple personality disorder 多种人格障碍

New Yorker《纽约客》
normal science 常规科学
noumena 本体（复数）
noumenal world 本体世界
noumenon 本体（单数）

Odyssey《奥德赛》
Oedipus complex 俄狄浦斯情结

Old Testament《旧约全书》
On Liberty《论自由》
On Old Age《论老年》
On the Origin of Species《物种起源》
On the Nature of Things《物性论》
Ontological Argument 本体论论证
oracle 神谕
Orientals 东方人
Original Sin 原罪

pacifist 和平主义者
Panopticon 全视楼
pantheism 泛神论
paradigm 范式（典式）
paradigm shift 范式转换（典式转移）
Pascal's Wager 帕斯卡的赌注
Pascaline 帕斯卡林
Peloponnesian war 伯罗奔尼撒战争
paternalism 家长主义
Pensées《思想录》
person 人

personal identity 身份同一性（人格同一性）
phenomenal world 现象世界
philosopher 哲学家
pine tar water 松焦油水
Platonic Dialogues《柏拉图对话集》
pragmatist 实用主义者
premise 前提
Problem of Evil 邪恶问题
primary quality 初性
Principle of Sufficient Reason 充足理由论
priori argument 先验论证
Problem of Induction 归纳法问题
Problem of Other Minds "他者思想"问题
Proslogion《论证》
Psalms《诗篇》
psychoanalysis 精神分析学
pushpin 图钉游戏
Pyrrhonic Sceptics 皮浪怀疑论者

Quad 牛津大学各书院庭院内的方形草坪
quod erat demonstrandum 证明完毕

Rationalism 理性主义
realist 实在论者
real tennis 宫廷网球
Renaissance 文艺复兴时期
Representation 表象
Russell's Paradox 罗素悖论

Satan 撒旦
scepticism 怀疑主义
Second Coming 基督再临
secondary quality 次性
semantics 语义
social contract 社会契约
Spirit 精神
Sophist 智辩家（诡辩家）
sovereign 主权者
Spanish Armada 西班牙无敌舰队
speciesist 物种主义者
Stoic 斯多葛学派
Stoicism 斯多葛主义、斯多葛学派
subsistence 亚存在
Summa Theologica《神学大全》
surplus value 剩余价值
syntax 句法

Synthesis 反题（反论点、反旨）
synthetic 综合的
synthetic statements 综合陈述

Ten Commandments 十诫
the banality of evil 平庸之恶
The Consolation of Philosophy《哲学的慰藉》
The Critique of Pure Reason《纯粹理性批判》
The force that through the green fuse drives the flower《通过绿色导火索催动花朵的力》
The Garden 花园
The Genealogy of Morality《道德的谱系》
The Nicomachean Ethics《尼各马可伦理学》
The Original Position 原初立场
The Phenomenology of Spirit《精神现象学》
The Prince《君主论》
The Republic《理想国》
The School of Athens《雅典学院》
The Second Sex《第二性》

The Social Contract《社会契约论》
The Structure of Scientific Revolutions《科学革命的结构》
The Subjection of Women《妇女的屈从地位》
The Theory of Forms 理型论
The Varieties of Religious Experience《宗教经验之种种》
The Will to Power《权力意志》
The World as Will and Representation《作为意志和表象的世界》
Theory of Descriptions 摹状词理论
theism 有神论
theist 有神论者
theodicy 神义论
thesis 正题（论点、正旨）
Third Reich 第三帝国
Thus Spake Zarathustra《查拉图斯特拉如是说》(《苏鲁支语录》)
Tractatus Logico-Philosophicus《逻辑哲学论》
Trademark Argument

"印记论证"
Tree of Knowledge 智慧树
Turing Test 图灵测试

Übermensch 超人
unfalsifiable 不可证伪的
universalizable 可普遍化
useless passion 无用的激情
utilitarian 功利主义者
utilitarianism 功利主义
utility 效用（功效）

veil of ignorance 无知之幕
Verification Principle 证实原则
（检证原则、实证原则）
Vienna Circle 维也纳学派
virtù 德性

Whatever is, is right 存在即为合理
Will 意志
Will of All 众意
World as Representation 作为表象的世界
World as Will 作为意志的世界

Zyklon 齐克隆

索引

(页码为原书页码，即本书边码)

先验（a priori）47, 113—114

关于堕胎的道德争论（abortion, ethics of）226—227

衰老（ageing）30

亚历山大大帝（Alexander the Great）10

异化（alienation）161

分析陈述（analytic statements）112, 191—192

动物（animals）124, 242—244

安瑟伦（Anselm）46—49, 50

  本体论论证（Ontological Argument）46—49, 67

拟人伦（anthropomorphism）78

表象和现实（appearance and reality）4—5, 15

托马斯·阿奎那（Aquinas, Thomas）49, 185

  第一因论证（First Cause Argument）49—50, 185

  五路证明（Five Ways）49

汉娜·阿伦特（Arendt, Hannah）207, 208—213

  与马丁·海德格尔的恋情（affair with Martin Heidegger）210

  "平庸之恶"（'banality of evil'）212

  艾希曼审判（Eichmann trial）208—213

亚里士多德（Aristotle）8, 9—14, 20, 40, 49, 116, 120

勇敢（bravery）12—13

黄金中道（Golden Mean）13

《尼各马可伦理学》（The Nicomachean Ethics）9

美德（virtue）12—13

弗朗索瓦-马里耶·阿鲁埃（Arouet, François-Marie）参见：伏尔泰（Voltaire）

苦行主义（asceticism）136

无神论（atheism）47, 61, 75, 79, 98, 104, 147, 167, 180—181, 185, 194

奥古斯丁（Augustine）33, 34—39, 69, 205

  皈依基督教（conversion to Christianity）35

  自由意志（free will）37—39

  摩尼教（Manichaeism）36—37

  道德的邪恶（moral evil）35—39

  原罪（Original Sin）38—39

阿维森那（Avicenna）35

A. J. 艾耶尔（Ayer, A. J.）127, 166, 189, 190—195

  "呸/棒"理论（Boo!/Hooray! Theory）194

  《语言、真理和逻辑》（Language, Truth and Logic）190—195

  "上帝存在"这句话的意义（meaning of 'God exists'）194

  濒死状态的体验（near death experience）194—195

  通过实证检验（verifiability）192

  证实原则（The Verification Principle）190—195

西蒙娜·德·波伏瓦（Beauvoir, Simone de）196—197, 200

《第二性》（The Second Sex）197, 200

《存在与虚无》（Being and Nothingness）197

杰里米·边沁（Bentham, Jeremy）120, 121—125, 138, 139, 193, 242

  "自身像"（auto-icon）121

  幸福计算法（Felicific Calculus）123

  全视楼（panopticon）121—122

功利主义（utilitarianism）
122—125
乔治·贝克莱（Berkeley, George）86, 87—92
存在就是被感知（esse est percipi）90
观念论者（idealism）88
非物质论（immaterialism）88—92
塞缪尔·约翰逊的"反驳"（Samuel Johnson's 'refutation'）88
焦油水（tar water）92
亚尼修·玛理乌斯·塞维利诺·波伊提乌（Boethius, Ancius Manlius Severinus）39, 40—45, 46
《哲学的慰藉》（The Consolation of Philosophy）41—45
上帝事先知道一切以及人的宿命（God's foreknowledge and predestination）43—45
运气（luck）42
切萨雷·波吉亚（Borgia, Cesare）52, 53, 56

詹姆斯·博斯韦尔（Boswell, James）104
罗伯特·波义耳（Boyle, Robert）81
佛陀（Buddha）132—133

凯勒丰（Chaerophon）3
让·卡拉斯（Calas, Jean）97—98
阿尔贝·加缪（Camus, Albert）200—201
《老实人》（Candide）95—98
定言令式（Categorical Imperative）118—119
内维尔·张伯伦（Chamberlain, Neville）56
查理二世（Charles II）82
"中文房间"思想实验（Chinese Room thought experiment）234—238
马尔库斯·图利乌斯·西塞罗（Cicero, Marcus Tullius）30, 40
《上帝之城》（奥古斯丁）City of God（Augustine）35
我思故我在（cogito ergo sum）66
共产主义（communism）161
《共产党宣言》（Communist

Manifesto）161—162

计算机（computers）233, 234—248

《忏悔录》（Confessions）35, 205

《哲学的慰藉》（The Consolation of Philosophy）41—45

尼古拉·哥白尼（Copernicus, Nicolaus）176, 220

《纯粹理性批判》（The Critique of Pure Reason）111—114

查尔斯·达尔文（Darwin, Charles）144, 145—151, 174, 177

  进化（evolution）146, 148—151

  科隆群岛（Galapagos Islands）148—189

  《物种起源》（On the Origin of Species）144, 145

  宗教信仰（religious belief）150—151

  皇家海军小猎犬号的远航（voyage of HMS Beagle）147—149

伊拉斯谟斯·达尔文（Darwin, Erasmus）149

理查德·道金斯（Dawkins, Richard）147

死亡（death）12, 21, 22—23, 25—27, 29, 104

演绎（deduction）216

自然神论（deism）98

丹尼尔·丹尼特（Dennett, Daniel）146

勒内·笛卡尔（Descartes, René）16, 61, 62—68, 71, 113, 181

  笛卡尔坐标（Cartesian co-ordinates）62

  笛卡尔二元论（Cartesian dualism）66—67

  我思故我在（cogito ergo sum）66

  现实还是梦境的争论（dream argument）64—65

  来自感官的证据（evidence of senses）64

  恶魔（evil demon）65—66, 68

  "笛卡尔怀疑"方法论 Method of Doubt（Cartesian Doubt）63—68

摹状词理论（Descriptions, Theory of）188

（有关上帝存在的）设计论证

（Design Argument [for God's existence]）99—104, 151

决定论（determinism）79

《谈谈方法》（Discourse on Method）63

教条主义（dogmatism）20

双重效应原则（Double Effect, Law of）224—225

二元论（dualism）66—67

阿道夫·艾希曼（Eichmann, Adolf）207, 208—213

《艾希曼在耶路撒冷》（Eichmann in Jerusalem）212

阿尔伯特·爱因斯坦（Einstein, Albert）80, 219

《非此即彼》（Either/Or）153, 155—156

乔治·艾略特（Eliot, George）80

情绪（emotion）29, 79—80

经验论（empiricism）113

弗里德里希·恩格斯（Engels, Friedrich）159—160, 161—162

爱比克泰德（Epictetus）29, 42

伊壁鸠鲁（Epicurus）21, 22—27, 104

有关"不对称"的讨论（asymmetry argument）26

不会经历死亡过程（death not experienced）25—26

他的墓志铭（his epitaph）27

有关对死亡的恐惧（on fear of death）22—23, 25—27

"享乐主义"的含义（meaning of 'epicurean'）24—25

有关死后所受的惩罚（on punishment after death）26—27

平等（equality）124

存在就是被感知（esse est percipi）90

欧几里得（Euclid）77

幸福（eudaimonia）11 也参见：幸福（happiness）

安乐死（euthanasia）242

恶魔（evil demon）参见：勒内·笛卡尔（Descartes, René）

"邪恶问题"（Evil, Problem of）34—39

道德的邪恶（moral evil）35—39

自然的邪恶（natural evil）35

存在主义（existentialism）195, 199, 200, 201
体验快乐的机器（experience machine）125

虔诚（faith）71—75
《恐惧与战栗》（*Fear and Trembling*）152—153, 155
幸福计算法（Felicific Calculus）123
女权主义（feminism）143—144
（有关上帝存在的）第一因论证（First Cause Argument [for God's existence]）49—50
罗伯特·菲茨罗伊（FitzRoy, Robert）150
菲利帕·福特（Foot, Philippa）221, 222—223
亨利·福特（Ford, Henry）128
柏拉图的理型论（Forms, Plato's Theory of）参见：柏拉图（Plato）
言论自由（free speech）143
自由意志（free will）44, 79—80
西格蒙得·弗洛伊德（Freud, Sigmund）175, 176—182

梦（Dreams）179
弗洛伊德式口误（Freudian slips）179
俄狄浦斯情结（Oedipus Complex）178—179
波普尔提出的批评（Popper's critique）181
宗教如同幻觉（religion as illusion）180—181
潜意识（the unconscious）177—182

伽利略·伽利雷（Galilei, Galileo）14
马尔穆热的高尼罗（Gaunilo of Marmoutiers）47—49
乔治三世（George III）105
《道德的谱系》（*The Genealogy of Morality*）173—174
上帝（God）
"之死"（'death of'）171—173
之定义（definition of）35, 102, 194
设计论证（Design Argument）99—103
有关邪恶（and evil）37—39

第一因论证（First Cause Argument）49—50
无限的（infinite）78
"上帝存在"的含义（meaning of 'God exists'）194
奇迹（miracles）103—104
本体论论证（Ontological Argument）46—49
泛神论（pantheism）76
帕斯卡的赌注（Pascal's Wager）71—75
实用主义（pragmatism）167—168
宿命（predestination）44—45, 71
也参见："邪恶问题"（Evil, Problem of）
好撒玛利亚人（Good Samaritan）116—117

幸福、快乐（happiness）
  亚里士多德（Aristotle）10—14
  边沁（Bentham）122—125
  波伊提乌（Boethius）42
  穆勒（Mill）139—140

皮浪（Pyrrho）18
危害原则（Harm Principle）141, 143
格奥尔格·威廉·弗里德里希·黑格尔（Hegel, Georg Wilhelm Friedrich）111, 125, 126—131, 133, 157, 161—162, 191
  辩证法（dialectical method）129
  法国大革命（French Revolution）127
  历史（history）128—131
  康德的影响（Kant's influence）128
  主人／奴隶（master/slave）130
  《精神现象学》（The Phenomenology of Spirit）130
  精神（Spirit）129—131
马丁·海德格尔（Heidegger, Martin）210
希波克拉底（Hippocrates）31
阿道夫·希特勒（Hitler, Adolf）56, 208, 209, 211
托马斯·霍布斯（Hobbes, Thomas）56, 57—61, 107
  人的本性（human nature）57—58

《利维坦》(*Leviathan*) 59, 60
唯物主义(materialism) 59—60
社会契约(social contract) 59
自然状态(state of nature) 57
荷马(Homer) 173
人本性(human nature) 12
人权(human rights) 118
大卫·休谟(Hume, David) 99—104, 105, 147, 192, 216
之死(his death) 104
设计论证(Design Argument) 99—103
《自然宗教对话录》(*Dialogues Concerning Natural Religion*) 101
《人类理解研究》(*Enquiry Concerning Human Understanding*) 100
奇迹(miracles) 103—104
埃德蒙德·胡塞尔(Husserl, Edmund) 210
法兰西斯·哈奇森(Hutcheson, Francis) 122
托马斯·亨利·赫胥黎(Huxley, Thomas Henry) 144

观念论(idealism)
贝克莱的(Berkeley's) 88
非物质主义(immaterialism) 88—92
归纳法问题(Induction, Problem of) 216—217

亨利·詹姆斯(James, Henry) 166
威廉·詹姆斯(James, William) 163, 164—169
"兑现价值"('cash value') 163, 165
"他者思想"问题(Other Minds, Problem of) 169
实用主义(pragmatism) 165—170
宗教(religion) 167—168
真相(truth) 165—169
詹森主义(Jansenism) 71
耶稣(Jesus) 38
《快乐的智慧》(*Joyful Wisdom*) 171

伊曼努尔·康德(Kant, Immanuel) 109, 110—114, 115—120, 123,

124, 128, 133, 134, 172, 175, 191, 192
定言令式（Categorical Imperative）118—119
《纯粹理性批判》（*The Critique of Pure Reason*）111—114
情感（Emotions）115—116
道德哲学（moral philosophy）115—120
先验综合知识（synthetic a priori）112
可普遍化（universalizability）118—119

奥古斯特·凯库勒（Kekulé, August）217
索伦·克尔恺郭尔（Kierkegaard, Søren）151, 152—157
亚伯拉罕和以撒（Abraham and Isaac）152—154
《非此即彼》（*Either/Or*）153, 155—156
信仰（Faith）154—155
《恐惧与战栗》（*Fear and Trembling*）152—153, 155
雷吉娜·奥尔森（Olsen, Regine）153, 156

了解你自己（know thyself）131
托马斯·库恩（Kuhn, Thomas）220—221
"常规科学"（'normal science'）220
范式转换（paradigm shift）220
《科学革命的结构》（*The Structure of Scientific Revolutions*）220

第欧根尼·拉尔修（Laertius, Diogenes）16
《语言、真理和逻辑》（*Language, Truth and Logic*）190—195
戈特弗里德·莱布尼茨（Leibniz, Gottfried）78, 93—94
《利维坦》（*Leviathan*）59
约翰·洛克（Locke, John）80, 81—86, 89, 91—92, 100, 107, 113, 138
一块白板（blank slate）81, 113
《人类理解论》（*An Essay Concerning Human Understanding*）86
身份同一性（personal identity）82—86

初性与次性（primary and secondary qualities）89—90
王子与鞋匠（prince and cobbler）83—84
实在论（realism）89—90
托马斯·里德提出的批评（Thomas Reid's criticism）85—86

逻辑实证主义（logical positivism）166, 190
运气（luck）29, 41—45, 53
卢克莱修（Lucretius）25
撒谎（lying）117—118, 124

尼可罗·马基雅弗利（Machiavelli, Niccolò）50, 51—56, 106
　犬儒主义（cynicism）55
　外交官生涯（diplomatic career）52—53
　运气（luck）53
　"马基雅弗利式"（'machiavellian'）55
　现实主义（realism）56
　德性（virtù）53, 54
摩尼教（Manichaeism）36
迈蒙尼德（Maimonides）35

卡尔·马克思（Marx, Karl）127, 157, 158—163
　异化（alienation）161
　阶级斗争（class struggle）159
　共产主义（communism）161
　《共产党宣言》（Communist Manifesto）161—162
　弗里德里希·恩格斯（Engels, Friedrich）159—160, 161—162
　宗教（religion）162
唯物主义（materialism）59—60
数学（mathematics）65, 113—114
彼得·梅达瓦（Medawar, Peter）219
中世纪哲学（medieval philosophy）34—35
《沉思录》（Meditations）63
亚历克修斯·迈农（Meinong, Alexius）187, 188
美勒托斯（Meletus）7
形而上学（metaphysics）111
詹姆斯·穆勒（Mill, James）138
约翰·斯图尔特·穆勒（Mill, John Stuart）125, 137, 138—144, 185, 193—194, 242
　教育（education）138—139

女权主义（feminism）143—144

言论自由（free speech）143

天才（geniuses）142

危害原则（Harm Principle）141, 143

高等和低等的快乐（higher and lower pleasures）139—140

冒犯（offence）142

《论自由》（On Liberty）141—143, 144

家长主义（paternalism）141

《妇女的屈从地位》（The Subjection of Women）143—144

功利主义（utilitarianism）139—140, 141, 142

奇迹（miracles）103—104

罗马皇帝尼禄（Nero）32

艾萨克·牛顿（Newton, Isaac）81, 214

《尼各马可伦理学》（The Nicomachean Ethics）9

尼各马可（Nicomachus）9

弗里德里希·尼采（Nietzsche, Friedrich）170, 171—175, 177

上帝已死（death of God）171, 172

他妹妹伊丽莎白（Elisabeth, his sister）174—175

《道德的谱系》（The Genealogy of Morality）173—174

《快乐的智慧》（Joyful Wisdom）171

《查拉图斯特拉如是说》（Thus Spake Zarathustra）174

超人（Übermensch）174

《权力意志》（The Will to Power）175

写作风格（writing style）172

本体（noumenon）111—112, 128, 134

罗伯特·诺齐克（Nozick, Robert）125, 231—232

雷吉娜·奥尔森（Olsen, Regine）153, 156

《论自由》（On Liberty）141—143, 144

《物种起源》（On the Origin of Species）144, 145, 150

（有关上帝存在的）本体论论证（Ontological Argument [for God's existence]）46—49, 67

雷米罗·德奥尔科（Orco, Remirro de）54

原罪（Original Sin）38—39

泛神论（pantheism）76, 78—79

悖论（paradox）44

布莱瑟·帕斯卡（Pascal, Blaise）68, 69—75, 168

 天主教教义（Catholicism）69

 詹森主义（Jansenism）71

 帕斯卡林（机械式计算机器）（*Pascaline* [calculator]）70

 帕斯卡的赌注（Pascal's Wager）71—75

 《思想录》（*Pensées*）('Thoughts')70, 71

家长主义（paternalism）141

C. S. 皮尔斯（Peirce, C.S.）165—166

《思想录》（*Pensées*）70, 71

身份同一性（personal identity）82—86

《精神现象学》（The *Phenomenology of Spirit*）130

哲学理念作为一种心理治疗方法（philosophy as therapy）24, 27, 33, 40

柏拉图（Plato）4—6, 9, 10—11, 19, 35, 38, 40, 131, 139

 反民主倾向（anti-democratic tendency）6

 "洞穴"的比喻（cave, analogy of）5

 对艺术进行审查（censorship of art）6

 对话集（dialogues）4

 理型论（Forms, Theory of）5—6, 10—11, 19

 学习其实是唤起回忆（learning as recollection）43

 苏格拉底的学生（Socrates' student）9

 《理想国》（*The Republic*）6

 极权主义（totalitarianism）6

快乐（pleasure）122—125, 139—140

亚历山大·蒲柏（Pope, Alexander）93

卡尔·波普尔（Popper, Karl）

181, 213, 214—221
可证伪（falsificationism）218—219
有关精神分析学（on psychoanalysis）218—219
伪科学（pseudo-science）218
实用主义（pragmatism）165—170
宿命（predestination）44—45, 71
初性（primary qualities）89—90
《君主论》（*The Prince*）51—56
承诺（promises）51, 58—59
《论证》（*Proslogion*）46
皮浪（Pyrrho）14—21, 63, 64, 66
　印度之行（visit to India）18

拉斐尔的画作《雅典学院》（Raphael, *The School of Athens*）10
理性主义（rationalism）113
约翰·罗尔斯（Rawls, John）227, 228—233
　差异原则（Difference Principle）231
　自由原则（Liberty Principle）230—231
　原初立场（Original Position）230
　《正义论》（*A Theory of Justice*）229—232
实在论（realism）89—90
托马斯·里德（Reid, Thomas）85—86
马克西米连·罗伯斯庇尔（Robespierre, Maximilien）106
理查德·罗蒂（Rorty, Richard）169—70
让-雅克·卢梭（Rousseau, Jean-Jacques）104, 105—109, 131, 143, 161
　"强迫自由"（'forced to be free'）108—109
　法国大革命（French Revolution）106
　公意（General Will）107—109
　高尚的野蛮人（noble savage）106
　自然状态（State of Nature）106
　众意（Will of All）107
伯特兰·罗素（Russell, Bertrand）127, 168, 182, 183—189, 202

反宗教（against religion）
184—185

摹状词理论（Descriptions, Theory of）188

不存在（non-existence）187

罗素悖论（Russell's Paradox）185—187

吉尔伯特·赖尔（Ryle, Gilbert）66—67

让-保罗·萨特（Sartre, Jean-Paul）156, 196—201

痛苦焦虑（anguish）199

自欺（bad faith）198

《存在与虚无》（Being and Nothingness）197

咖啡馆里的侍者（café waiter）198

存在主义（existentialism）199, 200

"存在主义是一种人道主义"（'Existentialism is a Humanism'）199

自由（freedom）198

撒旦（Satan）37

怀疑主义（scepticism）

笛卡尔怀疑（Cartesian Doubt）63—68

与哲学（and philosophy）20

皮浪主义（Pyrrhonic）15—21, 63, 64, 66

阿图尔·叔本华（Schopenhauer, Arthur）131, 132—137, 191

艺术（art）135

苦行主义，禁欲主义（asceticism）136

道德（morality）136

悲观（pessimism）132, 137

作为表象的世界（World as Representation）133—134

作为意志的世界（World as Will）133—136

约翰·希尔勒（Searle, John）234—238

"中文房间"思想实验（Chinese Room thought experiment）234—238

批评意见（criticism of）237

句法与语义（syntax and semantics）236

《第二性》（The Second Sex）197, 200

次性（secondary qualities）89—90

自我（self）80—86, 132—133

卢修斯·阿奈乌斯·塞涅卡（Seneca, Lucius Annaeus）30—32, 40

感觉（senses）16

彼得·辛格（Singer, Peter）23, 124, 127, 233, 238, 239—245

 《动物解放》（Animal Liberation）242

 动物（animals）242—244

 慈善，慈善机构（charity）239—241

 结果主义（consequentialism）242

 一致性（consistency）244

 安乐死（euthanasia）242

 生命是绝对神圣的（sanctity of life）241—242

 物种主义（speciesism）243

 素食主义（vegetarianism）243—244

《社会契约论》（The Social Contract）106—109, 161

苏格拉底（Socrates）1—8, 9, 10, 13, 16, 20, 138, 139, 155, 244, 245

 亚里士多德的老师（Aristotle's teacher）9

 德尔斐的神谕（Delphic oracle）3

 内心的声音（inner voice）8

 柏拉图的老师（Plato's teacher）9

 审判与死刑（trial and execution）7—8

 不审视自己而活着是没有意义的人生（unexamined life not worth living）4, 7—8

 以及西方哲学（and Western philosophy）3—4

智辩家（Sophists）2—3

物种主义（speciesism）243

巴鲁赫·斯宾诺莎（Spinoza, Baruch）75, 76—80

 《伦理学》（Ethics）77, 78

 （教会）驱逐（excommunication）80

 自由意志（free will）79

 磨镜人（lens grinder）78

 泛神论（pantheism）76, 78—79

 理性主义（Rationalism）

过于拘谨（squeamishness）54

詹姆斯·菲茨詹姆斯·斯蒂芬
（Stephen, James Fitzjames）
143

詹姆斯·B. 斯托克代尔（Stockdale, James B.）29—30

斯多葛主义，斯多葛学派（Stoicism）27, 28—33, 42 也参见：季蒂昂的芝诺（Zeno of Citium），爱比克泰德、西塞罗、塞涅卡（Epictetus, Cicero, Seneca）

《科学革命的结构》（The Structure of Scientific Revolutions）220

《妇女的屈从地位》（The Subjection of Women）143—144

《神学大全》（Summa Theologica）49

乔纳森·斯威夫特（Swift, Jonathan）92

先验综合知识（synthetic a priori）112

综合陈述（synthetic statements）112—113, 192

哈丽特·泰勒（Taylor, Harriet）144

狄奥多里克（Theodoric）41

《正义论》（A Theory of Justice）229—232

朱迪斯·贾维斯·汤姆逊（Thomson, Judith Jarvis）221

有关堕胎的伦理思考（ethics of abortion）226—227

不受欢迎的小提琴手（unwanted violinist）226—227

"失控火车"思想实验的几个版本（variant of runaway train thought experiment）223—224

思想实验（thought experiment）65—66, 221, 222—227

《逻辑哲学论》（Tractatus Logico-Philosophicus）202—203

（有关上帝存在的）"印记论证"（Trademark Argument[for God's existence]）67

权威即真理（truth by authority）

14

艾伦·图灵（Turing, Alan）235, 238

图灵测试（Turing Test）235

超人（Übermensch）174

不幸福（unhappiness）19

可普遍化（universalizability）118—119

功利主义（utilitarianism）122—125, 139

素食主义（vegetarianism）243—244

德性（virtù）53, 54

美德（virtue）12—13

伏尔泰（Voltaire）92, 93—98
　《老实人》（Candide）95—98
　为让·卡拉斯所做的辩护（defence of Jean Calas）97—98
　自然神论（deism）98
　言论自由（free speech）94

阿尔弗雷德·拉塞尔·华莱士（Wallace, Alfred Russel）150

塞缪尔·韦伯佛斯（Wilberforce, Samuel）144

《权力意志》（The Will to Power）175

路德维希·维特根斯坦（Wittgenstein, Ludwig）25, 201, 202—207
　盒子里的甲虫（beetle in the box）205—206
　家族相似性（family resemblance）203—204
　私人语言（private language）206
　《逻辑哲学论》（Tractatus Logico-Philosophicus）202—203

《作为意志和表象的世界》（The World as Will and Representation）133

季蒂昂的芝诺（Zeno of Citium）28—29